ちくま新書

官僚制と公文書

——改竄、捏造、忖度の背景

新藤宗幸
Shindo Muneyuki

1407

官僚制と公文書——改竄、捏造、忖度の背景【目次】

序章　官僚制を揺るがす公文書管理　009
官僚機構の「危機感」／前代未聞の決裁文書の改竄／加計学園をめぐる行政文書の真贋争い／官僚制における文書主義の闇／適正さを問われた公文書管理／「モリ・カケ」疑惑が教えるもの／本書の目的と構成

第一章　官僚制の組織構造と行動　031
1　戦後民主改革と調和しているのか　032
制度外形の民主化／戦前期を引き継ぐ組織と人事
2　官僚制組織に内在する非民主的構造　036
「入口」選別とキャリア組・ノンキャリア組／「規則革新派」と「規則保守派」
3　組織における職位の権限と責任　042
異例な行政手続法の規定／行政組織法令と行政作用法令の齟齬／薬害エイズ裁判の教えるもの／「棚ざらし」の果てに廃止された職階法／「大部屋主義」と不完全解

4 官僚の意思決定と文書主義 055
文書主義の対外的機能／意思決定行動にともなう大量の文書／法律案の作成手続き／前段での審議会、有識者会議での議論／どこまで「公文書」と認識されているのか／許認可とその背後での審議／最終決定の重視・決定過程の軽視／なぜ、決定過程の文書が軽視されるのか
5 官僚制にたいする民主統制と歴史への責任 075
民主政治と歴史への責任／問われる民主政治への感性

第二章 官僚制の意思決定と情報公開法・公文書管理法 081

1 情報公開法の制定と論点 083
市民運動の問題提起と自治体が先導した情報公開法制／村山富市・自社さ連立政権による法制化の始動／行政情報公開部会のメンバーと議論の焦点／「アカウンタビリティ」による「知る権利」の代替／適用対象情報とは／「組織共用文書」の範疇／施行令の公開対象は「決裁文書」に限定か
2 遅れてきた公文書管理法の制定 100
公文書管理法の制定／「車の両輪」というが、轍が問われる／保存期間基準／保存期間と一年未

満文書／ガイドラインの改訂と独立公文書管理監
3　現用文書と非現用文書　114
外務省機密漏洩事件と文書の開示請求／レコード・スケジュール／レコード・スケジュールが見落としているもの
4　情報公開法・公文書管理法の精神と真逆な特定秘密保護法　125
たんなる「防衛機密」の保護ではない／取扱職員の適性評価／際限のない特定秘密の広がり／公文書管理規則における秘密文書等の管理／学問・研究、報道の自由の危機は民主政治の危機
第三章　政権主導の意思決定システムと官僚制　139
1　安倍政権の「官から政」とは　140
民主党政権の「失敗」と安倍晋三政権の再登場／国家主義と新自由主義を基軸とする「官から政へ」
2　政権主導の装置としての内閣官房強化と有識者会議　145
国家安全保障会議と国家安全保障局の設置／安全保障法制と安保法制懇談会／「働き方改革実現

会議」と働き方改革一括法／拙速きわまる外国人労働者の導入／官邸への官僚の同調
3　安倍政権による公務員制度改革――内閣人事局の設置　160
政治主導と公務員制度改革の始動／公務員制度改革基本法の制定、そして内閣人事局の設置／「官邸人事局」のもたらすもの
4　政権の官僚制の増殖　168
担当大臣の「濫設」／政権主導に応えられない従前の内閣官房／安倍政権による内閣官房の組織拡大／内閣府の重要政策会議／首相の官僚機構
5　進行する官僚・官僚機構の劣化　186
政権の官僚機構への過剰同調／政権に従属する法の解釈と運用／官僚機構の自負・矜持を捨て去った種子法廃止／情報公開法・公文書管理法の背理
終章　壊れる官僚制をどうするか　197
1　「政権主導」の功罪　198
なぜ、「政権主導」を必要としたのか／橋本政権の行政改革会議「最終報告」／制度としての正当

性／制度の「暴走」
2 「政治主導」の意義を取り戻す 212
内閣人事局と官僚制の関係／中央行政機構の縮図のような内閣府の解体／政務三役は、なんのために存在するのか／機動的な省庁編制の必要性
3 官僚制は、安倍政治によって壊れたのか 223
信じ難いほどの官僚制の劣化／特権意識のはびこりと陰り／身分的人事制度を廃止する／内閣一括採用と省内人事のあり方／顔のみえる行政組織へ
4 公文書管理で公正な政治と行政を実現する 235
公文書に包括的に網をかけた定義／公文書管理のための行政システム／「内閣の所轄の下」の意味／国会の責任が問われる
あとがき 245
参考文献 249

序章　官僚制を揺るがす公文書管理

†官僚機構の「危機感」

日本の官僚制についての言説は、じつに多様である。明治近代化以降、精緻《せいち》に作られてきた官僚制にたいしては、政策・事業開発を専門的知識・技術を駆使して追求し、経済社会の発展に寄与してきたと評価されたこともある。とりわけ、戦後復興から高度経済成長期における官僚制の行動については、外国の研究者もふくめて評価は高い。官僚機構は所《しょ》掌《しょう》事務規程を背景として各種の業法の制定を促し、自らの仕切る市場を形成した。「仕切られた市場」に囲い込まれた業界は、まさに官僚制との「共生」によって発展し、国全体の経済成長を促した。政治もまた、こうした官僚制の行動に依存することによって、自らの支持基盤を固めてきた。

それゆえに、官僚制は政権にたいして一定の「自律性」を維持しているともされた。それは、見方を変えると、官僚制の「特権」的地位を認めることでもあった。政策・事業開発が社会に生起する諸集団との交渉・取引・妥協などを不可避とするから、官僚機構は本来の政治の役割である諸利害の調整を、自らの所掌事務の範囲内において担った。しかし、「専門性」「中立性」の名のもとに特定利益へ偏重しているのではないかと、行動が疑問視されることもある。官僚機構の組織特徴や人的資源の構成などについても、民主主義政治体制の行政組織に相応しいか、疑問が提示されてきた。

アジア・太平洋戦争の敗北を受けて日本の政治行政、経済社会の全般にわたる「民主改革」がおこなわれた。だが、GHQ（連合国軍最高司令官総司令部）の占領統治が「間接統治」であり、戦前期官僚機構の多くは無傷で生き残った。官僚制組織の内部には、一部のエリート官僚と非エリート職員の階層構造が残存した。それは今日なお日本の行政組織の特徴である。そして、こうした組織内の構造にくわえて、民主改革にもかかわらずエリート官僚の「官尊民卑」というべきエートス（精神構造）も、払拭されなかった。戦後経済発展に「貢献」したゆえに、エートスの徹底した自己改革の機会は招来しなかった。

時代ははるかに下って、官僚制に「仕切られた市場」による経済発展は、客観的条件を失った。国内外の官僚機構にたいする眼差しもきびしさをました。政治にも二〇〇九年の本格的政権交代が象徴するように、官僚制に依存した政治からの脱却が芽生えた。官僚機構は全体としていえば、組織が達成すべき明確な目標を見失いつつあるといってよい。とはいえ、官僚機構は日本の政治と行政における中核的存在であることに大きな変化が起きているとまではいえない。それは歴史的「遺産」といえようが、官僚機構は多数の許認可権限を有し、公的資金の配分について実質的な決定権限を有している。

しかし、本書でみていくように、とりわけ、二〇一二年一二月に成立した第二次安倍晋三政権のもとで、「政治主導」「政権主導」の名によって官僚制の行動を統制していこうとする動きは急である。しかもそれは、国家主義と新自由主義＝市場原理主義なるイデオロギーに彩られており、経済社会の「穏やかな」発展を指向するものではない。官僚制の行動は、社会制度の変化という観点からみるならば、「保守的」であり漸進的な変化を指向するものだ。またそうでなければ、官僚制組織はなりたたない。それゆえに政権の動きは、官僚・官僚機構に「存立の危機」と映っているといってよい。これから本書全体を通じてみていく官僚制の行動は、基本的にこうした危機感に根差しているといってよいだろう。

†前代未聞の決裁文書の改竄

日本の官僚は、歴史的に事務官（法制官僚）が主流を占めている。かれらは法令の厳格な解釈や立法における既存法令との整合についてきびしいトレーニングを受けている。したがって、日本の官僚機構は解釈上の争点はつきないが、法令や規則に忠実に職務を遂行しているとみなされてきた。もちろん、特定利益に便宜を図った官僚のスキャンダルがときに生じている。また、組織利益を損なうことを恐れた「隠蔽工作」もおこなわれた。しかし、政権の政治的意思を慮《おもんぱか》って、事案の解決のために法令を恣意的に解釈することや、民主社会の歴史的財産といってよい決裁文書を組織的に改竄《かいざん》し、事案の決定にいたる過程を覆い隠すことなどなかった。少なくとも、それが表に出て大きな政治問題となることはなかったといってよい。

財務省近畿財務局は、二〇一六年六月、大阪市で幼稚園を経営する森友《もりとも》学園との間で、学園が計画する小学校建設用地として豊中《とよなか》市の国有地を、破格の一億三四〇〇万円で売却する契約を結んだ。これに先立つ一五年五月に近畿財務局は、森友学園と定期借地契約を結んでいる。この契約では一〇年以内に買い取る内容だったが、わずか一年後に売買契約に変更され、地中に大量の廃棄物が存在するとして鑑定価格から撤去費用八億円を差し引いた異例の売却額とされた。さらにこの売買契約が異様であったのは、森友学園は売却額を即座に国庫に全額納入しておらず、頭金二七八七万円を納入した後は、一〇年間の分割払いとされたことだ。国有地が分割払いで売却されることはないとされる。

このことだけでも、明らかに通常の国有地売却では考えられない事態だ。一七年二月九日の朝日新聞朝刊（大阪本社版）は、豊中支局の記者の地道な調査にもとづき、この不透明な国有地売却を報じた。この報道を機として森友学園への国有地売却は、野党の追及するところとなり、朝日新聞はもとよりマスコミによる続報とあいまって、政治と行政を揺るがす一大疑惑となって今日に続いている。

この国有地売却にともなう問題の焦点は、たんに近畿財務局の常軌を逸脱した裁量行為にあるのではない。安倍晋三首相と森友学園経営者との特別な関係が影を投げかけているのではないか、という点にある。森友学園の経営者（籠池泰典《かごいけやすのり》）は、安倍晋三《あべしんぞう》首相もメンバーである右翼団体・日本会議《にっぽんかいぎ》に所属していたことがあり、経営する幼稚園（塚本幼稚園）で園児に教育勅語《ちょくご》を暗唱させ、安倍政権賞賛を唱えさせていた。そして、計画した小学校の名称に当初「安倍晋三記念」と冠をつけて寄付を募っていたばかりか、安倍昭恵《あきえ》・首相夫人を名誉校長とするものだった。また、首相夫人付の経済産業省職員が、財務省に当該国有地の売却について特例的扱いができないかどうか、問い合わせている。

実際、首相夫人と森友学園経営者夫妻との親密な関係は、多くのマスコミの報道するところだった。当然のことながら、野党はこの不透明な国有地売却に安倍首相の意向がなんらかの形で働いているのではないかと、きびしく追及した。これにたいして首相は、二〇一七年二月一七日の衆議院予算委員会で「私や妻が関係していたということになれば、まさに私は、それはもう間違いなく総理大臣も国会議員もやめる」と断言し、国会での野党の追及とマスコミ報道は一段と過熱していった。

　こうした状況下で財務省による国有地売却に関する決裁文書の「改竄」が明らかとなった。二〇一八年三月二日、朝日新聞は朝刊一面のトップ記事として「森友文書　書き換えの疑い」と報じ、翌三日には「土地賃貸・売却　書き換えか」として続報した。疑惑追及の渦中に財務省が国会に提出した決裁文書からは、森友学園からの要望やそれにたいする近畿財務局の対応、さらに一連の交渉過程に登場する安倍昭恵夫人や政治家の名称が消されているというものだ。

　決裁文書は、「かがみ」といわれる決裁事案が簡潔に記され決裁権限者の印鑑が押された表紙と、事案の具体的内容、決定の理由や経緯を記した付属文書からなる。改竄は付属文書にくわえられていた。朝日新聞の報道直後は、菅義偉《すがよしひで》官房長官、麻生太郎《あそうたろう》財務相、財務省高官はうち揃って否定したものの、結局、財務省は三月一二日に改竄を認めた。

　決裁文書の改竄が、財務省のだれの、どのような指示のもとに組織的におこなわれたのか、正副財務相や事務次官といった最高幹部は、どのようにかかわったのか。依然として

「藪の中」である。だが、「国権の最高機関」たる国会に開示された決裁文書は、朝日新聞のスクープどおり元の決裁文書から首相やその周辺に「不都合」となりうる部分、ならびに財務省理財局長の国会答弁と整合性のとれない部分が削除されたものだった。

公文書である決裁文書の改竄は、あってはならない「前代未聞」の事態だ。いったい、なぜ、公文書の改竄という民主政治への背信行為がおこなわれたのか、官僚機構の意思決定メカニズムはどうなっているのか、官僚たちの職業倫理はなぜ「堕落」したのか。これらは日本の行政の根幹にかかわる問題であるとともに、現代日本の官僚制や官僚像の再評価を問うているように思える。

†加計学園をめぐる行政文書の真贋争い

公文書の改竄という官僚制による「歴史への犯罪」のみが、最近の公文書管理をめぐる問題事象ではない。森友学園への不透明な国有地売却とほぼ時期を同じくして政治と行政を大きく揺るがしているのは、加計《かけ》学園の経営する岡山理科大学が愛媛《えひめ》県今治《いまばり》市に開設（二〇一八年四月）した獣医学部をめぐる疑惑だ。

新自由主義というよりは市場原理主義といった方がよい経済政策を掲げる第二次安倍政

権は、二〇一三年六月一四日に「日本再興戦略――JAPAN is BACK」を閣議決定した。このなかで成長戦略の中心的手段として位置づけられたのが、国家戦略特区制度だった。

この制度について政権は「岩盤規制にドリルで穴を開ける」「世界で一番ビジネスしやすい国にする」と声高にアピールした。そして二〇一三年一二月に国家戦略特区法が制定された。つづいて一四年一月に内閣府に国家戦略特区諮問会議が設けられた。この諮問会議は首相が議長、官房長官、国家戦略特区担当大臣、首相の指名する民間人を議員とするものだ。この諮問会議の運営を補佐するために、内閣官房が各省から「一本釣り」した官僚が担当大臣のもとに配されている。

国家戦略特区の「区域」は諮問会議の議をへて首相が認定する。この「区域」は自治体の区域ではない。たとえば四国地方といったより広域的区域だ。国家戦略特区法には多くの事業メニューが掲げられているが、国家戦略特区での事業は、区域ごとに設けられた国家戦略特別区域会議（担当大臣、関係自治体の長、首相の選定する民間人）の合意にもとづき事業者を募り国家戦略特区計画が作成され、諮問会議の議をへて首相が認定するとされている。認定された事業者は、大幅な規制緩和ばかりか金融支援、設備投資の減免措置、固定資産税や研究開発費の減税などの「恩恵」を受けることができる。

公式に確認されているところでは、愛媛県と今治市が国家戦略特区での獣医学部の新設を提案したのは、二〇一五年六月四日であり、翌日には特区ワーキンググループのヒアリングが開かれ、県や市の幹部が出席した。今治市は一六年一月に特区に指定され、一七年一月二〇日に加計学園が事業者として認定された。安倍晋三首相は、この日まで加計学園が事業者であるとは知らなかったと、国会で再三にわたり発言している。

だが、この背後において進行した事態は「奇々怪々」だ。森友学園問題と同様に、いな、国家戦略特区の事業決定が政治の奥の院ともいうべき政権中枢でおこなわれているだけに、全容はこれまた「藪の中」である。とはいえ、この問題の一つの核心は、安倍晋三首相と加計学園理事長・加計《かけ》孝太郎《こうたろう》がともに認め合う「腹心の友」であり、従前から獣医学部構想をもつ加計学園に首相が国家戦略特区制度を用いて便宜を図ったのではないか、という最高権力者による権力の「私物化」疑惑であり、それに同調した「官邸官僚」の行動だ。

実際、新聞報道や国会論戦から垣間みられる「傍証《ぼうしょう》」は数多い。たとえば、一六年一一月九日、国家戦略特区諮問会議は、獣医学部の新設を認める方針を打ち出すのにあたって、「広域的に獣医師系養成大学等の存在しない地域に限り獣医学部の新設を可能とする」とした。これは「空白地域要件」とよばれるが、突然のように決定された方針であり、実質的に加計学園のみに獣医学部新設提案を認めるものであった。当時、獣医学部設置構想は、加計学園にくわえて京都産業大学が京都府綾部《あやべ》市における設置構想をすすめていた。だが、関西圏にはすでに獣医学部が存在する。一方、広域的な四国には獣医学部をもつ大学は存在していない。京都産大は「空白地域要件」によって獣医学部の新設を断念することになった。「空白地域要件」がだれの指示で決定されたのか、これまた今日にいたるまで判然としない。

こうしたなかの二〇一七年五月一七日、朝日新聞朝刊は「新学部「総理の意向」」、「加計学園計画　文科省に記録文書」なるスクープ記事を一面トップで報じた。

朝日新聞取材班が刊行した『権力の「背信」「森友・加計学園問題」スクープの現場』(朝日新聞出版)は、この記事にいたる取材班の取り組みと文科省サイドから入手した四〇枚におよぶ文書について詳しく記している。

それによれば、内閣府の官僚は文科省に加計学園の獣医学部を「平成三〇年四月」開学にむけて認可するように求めた。だが、それに難色をしめす文科省にたいして内閣府の官僚は、「総理のご意向」「官邸の最高レベル」といった言葉を用いて、文科省に対応を急ぐよう求めた。これらの文書は一六年九月から一〇月にかけて文科省内で作成された官邸側官僚とのやり取りを記したものであり、文科省の職員間で共有されていたものだ。

通常、行政組織における機関間の折衝や交渉でのやり取りは、双方が文書化し記録に残している。内閣官房や内閣府の高官との折衝にあたった文科省官僚は、相手の発言を記録し文科相に報告している。またこの折衝は文書化されるだけでなくパソコンに保存されるとともに、省内の関係部局にメールで送られ共有されていた。しかし、内閣府側の高官は文書化（ファイル化）された事実を「虚偽」と言い張り、また官房長官は「怪文書」とも発言した。同様の事態は愛媛県の職員が内閣府高官との面談でのやり取りを記した文書についても起きている。そこには獣医学部の開設が「首相案件」と記されているが、内閣府の官僚は「事実無根」と退けた。

朝日新聞やＮＨＫをはじめとするマスコミの調査報道がなかったならば、これらの文書は表に出てこなかったかもしれない。政権中枢と加計学園との尋常とはいい難い関係の一端が、ジャーナリズムによって明るみに出された意義は大きい。実際、これらの文書は加計学園による獣医学部開設を急ぐ政権に疑問をもつ文科省が、すすんで公表したものではない。加計学園問題は政権をめぐる疑惑として取り沙汰されながらも、当事者のみが知る「職務上の秘密」として官僚機構の奥深くに仕舞われたままであったろう。

†官僚制における文書主義の闇

官僚制の行動は、文書主義を原則とする。官僚機構による事案の決定過程では、膨大な記録が作られ保存・共有されている。加計学園の獣医学部開設にしても森友学園への国有地売却にしても、そこでは複数の関係者間の協議に関する大量の文書が作られている。だからこそ、決裁文書の改竄もおこなわれるのだ。

日本の行政の「進展」と評価される二〇一一年に施行された公文書管理法は、のちにより詳しく論じるが、公文書とは、職員が職務上作成・取得したもの、組織的に用いるもの、その機関が保有しているものという要件を定めている。内閣府官僚と文科省官僚とのやり取りについての文科省の官僚が作成した文書は、いうまでもなく職務上の必要があって作成されたものだ。しかも組織内において共用されていた。決裁権限者によって最終的に決裁された文書だけが「公文書」ではない。個々の事案決定過程において作られる文書も、いうまでもなく公文書の範疇にふくまれる。

とはいえ、公文書管理法は、いったい、どこまでを「公文書」として定義し、公開・保存するのかを、明確に定義するものではないし、各行政機関も詳細な基準を公表しているわけではない。「組織共用文書」とは、いったい、どのような性格の文書をいうのかは、定かではない。だからこそ、関係官僚が作成した文書は官僚の「備忘録」的メモともされる。また、二〇〇一年に施行された情報公開法も、市民の「知る権利」を縦横に保障したものではない。私たちが情報公開法にもとづいて「内閣官房・内閣府と文科省の折衝に関する文書」を開示請求しても、「不存在」とされるか、せいぜいのところ「意思決定過程中の文書」として、いわゆる「海苔弁《のりべん》」状態の要領をえない文書が返ってくるに違いない。

そもそも、官僚機構における意思決定の透明化は絶えず議論されるが、そこで作成された文書がつねにあきらかにされるわけではない。行政官僚の厳格な法令解釈にも、かなり危ういといえる状況が生まれているが、意思決定過程への外部の接近をできうるかぎり「遮断」しようとするのは、官僚機構の「生理」であり視点を変えれば「病理」であるといってよいかもしれない。権力の「私物化」が窺われる加計学園疑惑は、官僚制が原則とする文書主義が、じつは闇だらけであることをあらためて印象づけたといえよう。

†適正さを問われた公文書管理

官僚機構による公文書の改竄、隠匿《いんとく》、関係機関間・当事者間での公文書の真贋《しんがん》争《あらそ》いが行政への信頼を失わせているが、こうした問題がこれまでにも明るみに出なかったわけではない。頻度はともあれ杜撰《ずさん》な管理が、ときに問題視された。

橋本龍太郎《はしもとりゅうたろう》政権下の一九九六年一月、八〇年代初頭から一大社会問題となった薬害エイズ事件についての厚生省（現厚生労働省）の内部文書（エイズ研究班による検討資料など）が、厚生省の倉庫に大量に保存（隠匿）されていたことが判明した。厚生相だった菅直人《かんなおと》の徹底した調査指示の結果だった。これを機として厚生省薬務局と血友病専門医、血液製剤メーカー大手のミドリ十字との関係が相当程度解明され、薬務局官僚、血友病専門医、ミドリ十字役員の刑事責任が問われることになった。

また二一世紀に入ってから年金番号の杜撰な管理が明るみに出た。今日なお、年金番号の正確な修復は完了していないが、この年金番号の杜撰な管理が公文書管理法の制定を促した理由のひとつでもあった。

さらに、二〇一八年八月には、中央省庁二七機関における障害者雇用数が公表数の半数にすぎず、三四六〇人も水増しされていることが判明した。調査時点は一七年六月一日だが、この段階で行政機関に課された障害者の法定雇用率は二・三パーセントである。これはたんなるガイドラインではない。行政機関の義務だ。だが各省ともに身体障害者手帳や知的障害者の養育手帳、精神障害者保健福祉手帳などの確認をおこなわずに「障害者枠」に算入していた。この結果、行政機関の「障害者雇用率」は、課された法定雇用率を上回る二・四九パーセントとされ、行政の「先導性」がアピールされた。政権はこれが意図的におこなわれたのか、所管する厚労省の算定ガイドラインについての解釈上のミスなのかを調査するとしている。どちらにせよ（意図的ならばなおのこと）法令の厳格な順守を外部にむけて指示する官僚機構の専門能力と職業倫理が問われる事態だ。

こうした「障害者雇用率」をめぐる問題につづいて二〇一八年一二月には、「毎月勤労統計」調査の不正が発覚した。きっかけは、厚労省が東京都分について総務省に届けている全数調査と異なる抽出調査をしていたことを、西村清彦・総務省統計委員長が指摘したことだった。だが、この統計調査の「不正」はそれにとどまらないようだ。二〇一五年一月分から中小規模の調査対象事業所（従業員三〇から四九九人）を入れ替えたため、過去との比較ができなくなった。そこで一二年一月からに遡って修正した。だが、その結果、一二年から一四年の平均給与額の伸び率は、それまでの公表値を下回り、アベノミクスの「成果」をアピールできなくなった。この結果をめぐって内閣官房の首相秘書官や内閣参事官から厚労省へ調査手法について「意見」があったとされる。厚労省は一八年一月分から対象事業所の入れ替えにともなう過去分の修正をやめている。これが厚労省の政権への「忖度《そんたく》」の結果なのか、官邸の圧力によった変更なのかは、藪の中だ。「毎月勤労統計」調査の結果は、雇用保険給付金などに直接連動する。またGDP算出の基礎となる。統計行政についての官僚機構の責任と能力がきびしく問われる事態である。

非加熱血液凝固製剤の検討資料の隠蔽、年金番号問題、障害者雇用に関するデータ、毎月勤労統計調査の「不正」など官僚機構の杜撰な文書管理が続いている。このすべてが、政権中枢への「忖度」の結果とはいえないかもしれない。それにしても、精緻に制度化され「優秀」な人材を抱えているとされてきた日本の官僚機構についての認識は、一種の「神話」にすぎないのか。あらためて考えてみなくてはなるまい。

†「モリ・カケ」疑惑が教えるもの

ところで、森友学園・加計学園疑惑における文書管理や文書主義の問題と、ときに垣間みる杜撰な文書管理や公文書の隠匿が同一次元の問題でないとしても、官僚制組織の基底における構造的特徴が、政治権力の態様の違いによって現れ方を異にしたとみることもできよう。これは現代日本の官僚制を考える重要な主題であるだろう。

たしかに、森友学園と加計学園をめぐる疑惑が明るみに出した公文書管理をめぐる問題は、安倍長期政権と密接な関係をもっていよう。とりわけ、財務省による決裁文書の改竄は、安倍政権が推し進めている「政権主導」による官僚支配が、影を投げかけているのは否めない。

のちに詳しく述べるが、二〇一四年の改正国家公務員法にもとづいて設置された内閣人事局は、各省高級幹部の人事権を掌握した。それだけではない。第二次安倍政権のもとでは、内閣官房・内閣府の組織・機能が強化され、「政権主導」もっというと「官邸主導」の政治・行政が展開されている。

森友学園疑惑を機として「忖度」という言葉が一挙に「流行語」となった。たしかに、財務省による決裁文書の改竄は、財務官僚が政権最高幹部の意を「忖度」した結果とみることができよう。また、本文中で詳しく論じるが、働き方改革一括法や出入国管理法の「改正」における立法根拠の「偽造」も、政権中枢の意思を慮った官僚制の行動とみることができよう。だが、安倍官邸の強権政治というような「劇場型」の説明では、物事は一過性で終わってしまうだろう。財務省という伝統ある、かつ「官僚中の官僚」ともいわれる組織には、公文書の改竄という「歴史への犯罪」を抑制する力は働かなかったのか。ただ。ただ、官僚制組織における「保身」と「栄達」が追求されたのか。安倍政権の強権化という事態のみで説明することは、妥当であるだろうか。

加計学園疑惑では、内閣官房・内閣府の官僚と各省官僚との「対立」が目立った。これもまた、近年の日本の官僚制をめぐる大きな動きだ。前川喜平《きへい》・元文部科学事務次官は「政権によって行政が歪《ゆが》められた」という。たしかに、大学設置認可についての従来の行政手続きからは大いに逸脱している。政権中枢が、大学の新設にあたって所管省にプレッシャーをかけることなどなかった。首相官邸そして「官邸官僚」と呼ぶべき一群の官僚によって獣医学部の開設がすすんだのは事実だ。「官邸官僚」と各省官僚という新たな局面が日本の官僚制に生じており、それ自体、現代日本の官僚制を問いなおさねばならない事象である。

とはいえ、さきにも触れた文科省文書ファイルは、文科省が進んで開示したわけではない。官僚制の意思決定と公的文書という視点に立つならば、官僚制における文書主義にもとづく意思決定が、きわめて閉鎖的であることを窺わせる。それが安倍政権による「権力の私物化」疑惑を深めたことは事実だが、「エイズ・ファイル」の隠匿にみるように、日本の官僚制行動の深層が、政権の政治疑惑という重大問題を機として、表に出たとみることもできるのではないか。

このようにみるとき、「安倍一強」といわれる長期政権のもとで進行している、公文書の管理や文書主義をめぐる問題には、官僚制組織の歴史的構造や事案決定手続きの特徴、さらには官僚のエートス（精神構造）などが、複合的に作用していよう。言い換えれば、「モリ・カケ」疑惑とともに浮上した官僚制の行動は、あらためて、日本の官僚制の構造や行動を問い直さねばならないことを、教えているだろう。

†本書の目的と構成

以上の観点に立つ本書は、次のように構成される。

第一章では、戦後民主改革をへた官僚制の組織構造や意思決定手続きの特徴を総括的に検討する。そして文書主義を原則とするとされる官僚制ではあるが、文書管理の歴史的習性や特性について論じる。執務にともなって作成される膨大な文書の保存や廃棄がいかになされているのか、官僚制にたいする民主統制や「歴史への責任」の確保の実態について考えてみる。

第二章では、多くの議論を呼びつつ制定された情報公開法・公文書管理法の意義と限界を論じる。日本で情報公開法制定の市民運動が展開されたのは、「総理の犯罪」といわれたロッキード事件を機としている。だが、制定をみたのは一九九九年だった。情報公開法と表裏をなす公文書管理法が施行されたのは、二〇一一年である。さらに、理念的にはこれらと「真逆」である特定秘密保護法が二〇一三年に制定され翌二〇一四年に施行されている。情報公開法や公文書管理法は、はたして官僚制によってどのように扱われてきたのか。それらは特定秘密保護法のもとで、どのように扱われるのか。それを考えてみよう。

第三章では、安倍長期政権のもとの政権主導が、官僚制の行動にいかなる変容をもたらしているかについて論じる。政権のいう政治主導は、伝統的な各省官僚機構の分立体制を克服し、執政部である内閣の政治指導を確立するためと説明される。だが、内閣官房・内閣府の権限と組織の拡大、内閣人事局の設置による官僚制幹部の人事権の掌握に結びついている。こうした体制は、「官邸官僚」、官邸の意を忖度することに関心を注ぐ各省官僚幹部、それに「面従腹背《めんじゅうふくはい》」する官僚、さらには官僚制幹部の指示に苦悩しつつも従わざるをえない職員といった、幾重もの「亀裂」を行政組織に生み出しているのではないか。それが官僚のモラル（倫理）とモラール（士気）に多大な影響をもたらし、公文書の改竄のみならず行政の基礎となるデータの取り扱いにもネガティブな影響をもたらしているのではないか。「政権主導」もっというならば「官邸主導」の組織と官僚制の行動を考察する。

終章では、これらの考察を踏まえて「政権主導」のあり方、政権と官僚制組織の関係、さらに官僚制組織の改革を、公文書管理を基本的視座として考えてみる。公文書は歴史的事実の記録であるだけでなく、現実の行政活動を国民が統制する手段である。だが、その適正な管理に視野を限定して改革策を論じても意味をなさない。政治・行政の構造と関連させつつ論じなくてはならないからである。

第一章

官僚制の組織構造と行動

1　戦後民主改革と調和しているのか

†制度外形の民主化

アジア・太平洋戦争の敗戦からすでに七〇年余の時間が経過している。この敗戦を機としてGHQ（連合国軍最高司令官総司令部）の主導のもとで、憲法の改正を頂点として政治行政、経済社会の全面にわたる民主改革が実施された。実質についての議論はさておくとして、男女平等選挙権にもとづく政党の結成と活動の自由は保障され、「国権の最高機関」（日本国憲法第四一条）での自由闊達《かったつ》な活動が当然視された。

行政機構を統轄する内閣は、国会の多数派によって組織されることになり、国会の信任＝国民の信任があるかぎりにおいて政治的正統性をもちうるとされた。行政機構を構成する職員は戦前期の天皇に奉仕する「官吏《かんり》」から転換し「公務員」とされ、「国民全体の奉仕者として、公共の利益のために勤務し、且《か》つ、職務の遂行に当つては、全力を挙げてこれに専念しなければならない」(国家公務員法第九六条第一項)とされた。つまり、日本国憲法体制は国民の信託にもとづく執政部(内閣)と国民のサーバントたる公務員から構成された行政機構を宣言した。

しかし、いまや、こうした戦後民主主義政治体制の出発点の理念を絶えず追求し、そのための改革アジェンダを語ることが空しくなるほど、事態は変容していよう。憲法自体、右翼政治家や言論人が語ってきたGHQによる「押し付け憲法」批判の域を越えて、安倍晋三政権のもとでその「改正」が具体的政治日程として追求されている。政権と政権与党の憲法「改正」のターゲットは、憲法第九条の「骨抜き」だが、それと並んで「緊急事態条項」を新たに起こすことにある。安全保障法制の制定によって自衛隊の海外展開が可能とされている状況下では、第九条の「改正」は改憲派のシンボルにすぎない。より重視しておきたいのは、「緊急事態条項」だ。憲法条項の「一時的」停止であれ、それは「政権独裁」に道を拓きかねない。そうでなくとも、行政機構を構成する公務員、とりわけその官僚制幹部は、「国民全体の奉仕者」として職務遂行に専念しているどころか、決裁文書を改竄してまで政権に「奉仕」している。戦後憲法理念は歪みをましている。

こうした政治社会の変容は多角的に分析されねばならない。とはいえ、行政機構を構成する行政組織にひとまず視点を限定するならば、そこには戦後憲法体制＝民主主義政治体制とは調和しえない組織要因が、当初より内在しているのではないだろうか。

†戦前期を引き継ぐ組織と人事

ＧＨＱ主導の戦後民主改革は、行政機構に関するかぎりきわめて不徹底であった。戦争遂行に直接関係した陸軍省や海軍省などは廃止され、また内務省も解体された。間接統治を基本とするＧＨＱの占領統治は、戦前期から精巧に作られ、かつ国民に権威的に行動してきた官僚機構の存続を必要とした。ＧＨＱは占領統治の基本を示しつつも、具体的な法令の改正作業や新規立法を温存された官僚機構にゆだねた。行政機構についても省庁設置の法的根拠は、主権構造の転換に合わせて、勅令《ちよくれい》である各省官制通則・各省官制から国家行政組織法・各省設置法へ転換した。

各種行政制度の基本は国会の立法統制にもとづくものとされた。また、国家公務員法が制定され、公務員制度の骨格が定められるとともに、中央人事行政機関として内閣から相対的に自立した（法令用語としては内閣の所轄の下）人事院が設置された。

こうした戦後民主改革と戦後の中央行政機関の再編制――その中心は内務省の解体にともなう事業分野別の行政機関の編制――が終了し、現在の中央省庁編制の原型が完成したのは、一九六〇年の安保闘争の騒然とする政治状況のもとでの自治省設置だった（自治庁から省への昇格）。ここで「原型」といったのは、いうまでもなく二〇〇一年の行政改革によって大規模な省庁の統合がおこなわれているからである。

ところで、きわめて概括的に行政機構の戦後民主化について述べたが、それはあくまで制度の外形についてである。各省官僚制組織の内部においては、戦前期の組織的特徴が残存し、ほとんど改革の手がくわえられないまま今日にいたっている。

それを大きくいうならば、「入口選別」といわれる職員採用方式であり、もう一つは、官僚制組織における職位（position）の責任と権限が不明確であることだ。それらは、昨今の政権と官僚制組織の不可解な関係にも、色濃く反映されているといってよいだろう。官僚制組織の態様は、戦後改革の理念に調和していないといっても、過言とはいえないように思える。前者の問題からみていくことにしよう。

2　官僚制組織に内在する非民主的構造

†「入口」選別とキャリア組・ノンキャリア組

森友学園をめぐる決裁文書の改竄では、その作業を命じられた財務省近畿財務局の職員が、職務の遂行の正当さに精神的に悩み「自死」したと伝えられる。かれはキャリア組官僚といわれる、局長・事務次官までの昇進可能性のあるエリートではない。行政実務を日々忠実に処理している職員だった。松本清張の社会派推理小説に描かれる不条理な惨劇が、なぜ、財務省なる「一流官庁」で現実となるのか。じつは、これは組織の構造上も民主化されたとみなされる行政組織が、戦前期の特徴を今日にいたるまで引きずっていることを物語っていよう。

日本の行政組織は「閉鎖系」であると指摘される。それは外部組織との人事の交流がほとんどないことを意味している。最近では特定の専門的知識・技能をもった人材を任期付職員として任用する傾向が生まれているが、官僚組織の基本は、公務員であることをほぼ唯一の職業とする生涯職から構成される。つまり、いずれの省庁に入職しようともそこでキャリアの大半をすごす。民間職業人が人生の途中で官庁に入職し、一方で行政職員が「天下り」としてではなく個人の専門能力や人生設計にもとづいて民間企業や団体に転職する。こうした人事の交流がほとんど閉ざされている。

戦後初期だけでなく現代でも国家公務員の内閣による一括採用が論じられるが、採用の人事権は各府省の長にある。人事院による国家公務員試験は、公務員としての資格試験である。この各府省別採用自体、戦前期の伝統を引き継ぐものだ。閉鎖系組織は各省別に確立されているだけでない。「入口選別」といわれる人事制度を特徴としている。いわゆる「キャリア」「ノンキャリア」と表現される幹部候補生とそうでない職員が採用段階で選別され、入省後も入口（採用段階）の選別によって将来が決定されている。

国家公務員の大半を占める一般職公務員試験の区分は、時代とともに変わっている。かつては上級（甲、乙に区分）、中級、初級職に区分され、その後Ⅰ種、Ⅱ種、Ⅲ種に区分された。最近では総合職と一般職とされている。こうした区分のうち上級職入省者はすでに退職している。現状ではI種試験合格者と総合職試験合格者がいわゆるキャリア組官僚であり、本省の課長級から局長、事務次官への昇任がありうる幹部候補生官僚である。これにたいしてノンキャリア組職員は地方機関の課長職が昇進の限度とされている。

じつはこの採用時における「入口選別」は、戦前期官吏制度の身分的・階級的特徴を引き継ぐものだ。戦前期官吏制度においては、高等文官試験の合格・採用者と普通文官試験の合格・採用者が「官」とされた。しかもその内部は官職に応じて親任官《しんにんかん》、勅任官《ちょくにんかん》、奏任《そうにん》官《かん》（ここまでが高等文官）、判任官《はんにんかん》（普通文官）といったように、天皇からの距離に応じた身分関係が敷かれていた。さらには「官」のもとに属《ぞく》・傭人《ようにん》といわれる職員が存在した。

アジア・太平洋戦争敗戦後の官吏制度の民主化＝公務員制度の定立は、この身分制度を廃止した。専門能力の客観的かつ科学的判定にもとづくとする公務員採用試験が、官吏採用試験に代わって実施された。だが、昇進可能性を前提とした試験が制度化されることによって、姿を変えた「身分制」として生き続けることになったのである。

†「規則革新派」と「規則保守派」

かつて行政学者である伊藤大一《だいいち》は、キャリア組官僚を「規則革新派」、ノンキャリア組職員を「規則保守派」と名付けた。字面からは誤解を生みそうでもあるが、その意味は、キャリア組官僚が社会的問題状況に果敢に取り組む精神に富んでいるということではない。「規則革新派」とは、高級幹部あるいはその候補生として、所属部署を二年程度で異動しつつ官僚制の階段を昇り、それぞれの部署で法令案や規則、予算などの行為準則のイノベーション（革新）を職務の中心としていることをさす。これにたいしてノンキャリア組は、行政の現場において法令等の規定にもとづいて実務を担っており、行為準則の安定化に寄与していることを意味している。

こうした一種の「身分制」が官僚機構に存続しているが、だからといってノンキャリア組職員のモラール（士気）が低いわけではない。かれらは職務を「規則保守派」として遂行してきたといってよい。しかも、かれらは行政の第一線にいるから、当然、理不尽な要求や行政への苦情に直接かかわる。それらを「説得」し法令の順守を追求して執務することになる。採用された行政組織が生涯の大半を過ごす場であれば当然のことである。

一方、キャリア組官僚は、ノンキャリア組の職務遂行能力が一定の水準を維持していないかぎり行政組織のミッションを達成できない。キャリア組の関心は下僚であるノンキャリア組に業務の遂行を指示し一定の業績をあげ、官僚制組織における昇進を果たすことだ。

そもそも、内閣人事局が官僚制幹部である部長級以上六〇〇人程度の人事権を掌握しようとも、ノンキャリア組にとっては関心の埒外《らちがい》である。

しかし、キャリア組官僚の官僚としての使命感や社会的病理についての洞察力が稀薄であるならば、自らの保身・栄達のために理不尽な業務をノンキャリア組職員に下命する事態も当然のように生じよう。こうした状況ゆえに、ノンキャリア組職員のなかには、キャリア組幹部に取り入ろうとして組織の「汚れ仕事」を引き受ける者が生まれる。二〇一七年に明らかになった文部科学省の国家公務員法違反の天下り事件では、ノンキャリア職員が闇の天下り斡旋組織を作り、キャリア官僚の再就職の口利きをしていた。ときにこうした問題が生じるが、全体状況としていえば、ノンキャリア組職員は、職務を実直に遂行しているといってよい。さきに財務省近畿財務局のノンキャリア職員の「自死」に触れたが、決裁文書の書き換えは、かれ一人に下命されたわけではない。他の職員も悩みながら職務を果たしたはずだ。それだけ、キャリア組官僚の組織内におけるフォーマル、インフォーマルな「権力」が大きいということだ。だが、こうした事態は、組織のモラール（士気）を低下させざるをえない。

日本の官僚制組織における「身分制」、言い方を換えるならば非民主的組織構造は、これまでの行政研究のみならず繰り返された行政改革においても、正面から問題視され、その改革が論じられることはなかったといってよい。

二〇〇七年に公務員試験区分を「総合職」と「一般職」に変更するのに際して、両者ともに「幹部候補生としての研修」を受けるとされた。換言すれば、ノンキャリア組職員にも官僚制幹部への道を拓いたものともいえる。だが、公務員制度の抜本的改革がおこなわれているわけではなく、キャリア組とノンキャリア組の存在は「当然視」され、両者の組織内における機能が記述されてきた。また、官僚制幹部の人事や政治家との関係が議論の焦点とされてきた。叙述の関心からいえば、こちらの方に遥かに重きがおかれたといってよい。行政の意思決定において政治家とくに政権党政治家と官僚のどちらが優位しているかといった議論は、その典型といってもよい。いずれにせよ、公務員制度論は組織内の非民主的構造を論じても、そこにとどまってきた。

民主主義が制度とエートスの両面において官僚制組織内に確立されていないならば、官僚制幹部の恣意的な行動にブレーキはきかない。ひいては、公共的問題の解決が市民の尊厳を重視して民主的に果たされるはずがないのだ。すでに退官した高級官僚は、決裁文書の改竄を前にして、「そんなことがなぜできるのか」と述べたと伝えられる。この元幹部の「驚き」を素直に解釈するならば、かれには行政の社会的使命が自覚されていたからだといえよう。だが、エリートである官僚制幹部が、公務員としての規範を低下させ、自らの手を汚すことなく、自己の保身・昇進と組織の維持のために、政権の「顔色」を窺う。決裁文書の改竄はまさにその具体的表れだが、のちにみるように、重要法案の立法根拠や日常行政の基礎となる根拠（エビデンス）の捏造《ねつぞう》・偽装も生まれている。「安倍一強」といわれる状況は、図らずも官僚制幹部の「退廃」をみせつけた。ただし、こうした幹部の行動がまかり通ったことは、組織の非民主的構造ゆえであるといってよいだろう。若干の皮肉を込めていえば、安倍政治は日本の官僚制組織の見直しを教えたといってよい。

3 組織における職位の権限と責任

†異例な行政手続法の規定

さて、さきに指摘した第二の問題、官僚制組織の職位（position）の権限と責任が不明確であることに移ろう。

行政手続法第三五条第一項は、「行政指導に携わる者は、その相手方に対して、当該行政指導の趣旨及び内容並びに責任者を明確に示さなければならない」と定めている。そして同条第二項では、相手方から書面を求められたときは、それを交付せねばならないとした。

行政手続法第三五条を「唐突」のように引用したのは、この規定が日本の行政組織法と行政組織の特徴からみて、きわめて「特異」ないし「異例」だからだ。

もともと、一九九三年に制定され九四年に施行された行政手続法は、日本政府がすすんで制定したものではない。貿易摩擦の高まりのなかでおこなわれた日米構造協議において、アメリカ側は非関税障壁のひとつとして行政指導や許認可行政の不透明性を問題視した。それだけではない。アメリカの大統領府通商代表は、「日本政府高官と議論しても、誰がどのような権限と責任を持っているのか判然としない」と繰り返し問題を投げかけた。こうしたアメリカ側の批判を受けて行政手続きに一定のルールを設けるために制定されたのが、行政手続法である。

さきの条文にみるように、行政手続法にかぎっていえば、「責任者を明確に示す」としているが、日本の行政組織は、権力的か非権力的かはともかく、行政行為の責任者を明示するように構成されていない。この条文は、その後大きな行政・政治問題となっていないが、仮にアメリカのみならず国内事業者から行政指導の「責任者」の明示を求められたとき、真摯に考える官僚は困ってしまうのではないか。直接の担当課長か、局長か、はたまた大臣か、頭を抱えるのではないか。もっとも、相手が国内事業者ならば、なにごとにも曖昧な国である。官の「権威」を背景に担当課長でお茶を濁すことだろう。

†行政組織法令と行政作用法令の齟齬

現代日本の行政組織は、一九四八年に制定された国家行政組織法を基準法として、府省・委員会・庁それぞれの設置法によって根拠づけられている。行政組織全体の所掌事務が規定されたうえで、内部組織の編制と所掌事務が設置法の政令、省令によって定められてきた。

二〇〇一年の行政改革は、総務省、国土交通省、厚生労働省などにみるように中央省の大規模な統合をおこなったが、同時に内閣府を新設した。中央省は統合のいかんに関係なく国家行政組織法を基準法としているが、内閣府は国家行政組織法の枠外の組織とされ、内閣府設置法令によって内部組織が編制されている。これは内閣府が首相指導のためのスタッフ機関として位置づけられたためである。だが、大規模に統合された省も新設された内閣府も、内部組織の編制と所掌事務規定の法形式は従前と変わっていない。ただし、大蔵省から財務省への「再編」にあたって、旧大蔵省設置法にあった権限規定が削除されている。

こうした戦後日本の行政組織の設置と所掌事務の規定の法形式は、戦前期を引き継ぐものだ。各省の設置法令をみれば明らかだが、省全体から局―課―係といった具合に下降するどの組織単位をとりあげても、組織単位の所掌事務は記されているが、大臣はもとより次官、局長、課長、係長といった職位（ポジション）の権限と責任は明記されていない。「〇〇に関すること」といった形式で所掌事務が定められているにすぎない。

戦前期においては、勅令である各省官制通則が、今日の国家行政組織法に相当する官庁組織の基準法規であり、これを基本として各省官制なる勅令によって設置の法的根拠と内部組織、それぞれの所掌事務が定められていた。

天皇主権から国民主権への転換をはたした戦後民主改革は、国会制定法による行政組織の設置を当然の前提とした。だが、日本の占領統治は間接統治だ。ごく一部の戦争遂行に直接かかわった官庁（陸軍省、海軍省、大東亜省など）は、敗戦とともに解体されたが、基幹の省は存続した（ただし、内務省は戦後民主改革が一段落した一九四七年一二月に解体）。つまり、戦後初期の官庁の大半は、各省官制にもとづき業務を遂行したのだ。そして国家行政組織法の制定にあわせて、〇〇省官制をもとに〇〇省設置法案を作成し国会に提出した。この作業の特徴は漢字・カタカナ混じりの条文を基本から見直すものではなく、カタカナを平仮名に改めたにすぎない。

この結果、「〇〇に関すること」なる所掌事務規程が生き残っただけでなく、この所掌事務に対応する行政作用法（公権力行使の根拠法）が存在しないという「重大な欠陥」が放置されたのだ。天皇主権のもとでは官庁は天皇に仕える官吏集団だから、すべての所掌事務が議会制定の行政作用法に根拠づけられる必要はない。所掌事務規程（行政組織法としての〇〇省官制）のみで公権力を行使できる。だが、国民主権のもとでは、本来、行政作用法があって初めて、それをどの機関に分掌させるかが決定され、さらに組織内のどの単位に分掌させるかが、決定されなくてはならない。

ところが、行政組織設置の法定主義は、さきのように「綱渡り」のような作業で「順守」されたものの、行政組織法令と行政作用法令の整合性は、省みられなかった。国会の審議も、「官庁設置に法律の枠をはめた」で満足し、民主主義にもとづく行政とはいかにあるべきかは、まったく視野に入れられなかった。二〇〇一年の行政改革においても、各省設置法令と行政作用法令との整合性が問われることはなかった。今日なお、「〇〇に関すること」なる所掌事務に対応した行政組織法が存在しないという問題状況を残している。

戦前期体制では、さきに述べたように、主権は天皇にあるから、行政作用法が存在していなくとも所掌事務規程のみで国民に公権力を行使することができる。また組織単位の長の責任と権限が規定されていなくとも、天皇からの距離に応じた官吏の身分制が敷かれていたから、職位の性格があいまいであっても問題は生じない。

だが、以上のような行政組織からは、一つには「無定量」な行政権限の増殖が起こりうる。くわえて、行政組織における職位の権限と責任が不明確であるとき、「無責任」行政に通じる。いずれも、民主主義政治体制下の行政の重要な欠陥といわねばならない。

†薬害エイズ裁判の教えるもの

こうした行政組織の欠陥を最もよく表したのは、薬害エイズ事件についての裁判だったといってよいだろう。東京地方検察庁は、一九九六年一〇月、厚生省薬務局生物製剤課の松村明仁《あきひと》課長を業務上過失致死罪で東京地方裁判所に起訴した。起訴状は二人の患者（一人は血友病A患者、もう一人は肝機能障害患者）に非加熱血液凝固製剤を投与しエイズに罹病させ死に至らしめたとするものである。起訴状と検察側の冒頭陳述書が強調したのは、つぎの点だった。村松課長は、非加熱血液凝固製剤を放置しておくことの危険性が認識できたのにもかかわらずそれを怠《おこた》ったとし、さらに薬事法の規制権限と生物製剤課の厚生省組織令による所掌事務規程を列挙したうえで、生物製剤課長の職務権限に明文規定は存在しないが、「総括整理」する責任を怠ったとして、業務上過失致死罪に相当するとした。

　これにたいして被告弁護団は、非加熱血液凝固製剤の取扱いについて権限をもっている部課は複数におよんでおり、生物製剤課はあくまで「生物学的製剤及び抗菌性物質製剤の製造業及び輸入販売業の許可並びに製造及び輸入の承認を行うこと」とされているにすぎない。医薬品の安全性に関する調査と指導は安全課が、不良医薬品の取締りは監視指導課の所管であって、生物製剤課長が自ら立案して省内の関係部局と適時適切に協議してその権限行使を促さなかったからといって、それで刑事責任を問われる理由は存在しないと主張した。

二〇〇一年九月二八日、東京地裁は、業務上過失致死罪に問われた村松明仁被告にたいして、禁固一年、執行猶予二年の有罪判決を下した。行政官の不作為が刑事事件として立件された初めてのケースである。判決は、「被告の上司や部下に社会的・道義的責任を含めた責任が認められるかどうかは別論として、生物製剤課長の職責にかんがみると、こうした事情が被告の刑事責任を免責するものであるとは考えられない」とし、「生物製剤課長という立場にあった関係上、まず被告の責任が問題とされるのはやむを得ない」と繰り返している。

ようするに、この判決理由は検察の起訴理由がいう「総括整理」の怠り、つまり期待されている職責を履行しなかったことに刑事責任を認めたものである。しかし、「総括整理」とは何を意味しているのだろうか。行政組織法上「総括整理」という言葉は、起訴当時の国家行政組織法では第一七条の二と第一九条に登場する（現行国家行政組織法では第一八条第四項と二一条）。それはいずれも、省の仕事の一部をゆだね事務次官や局長を補佐する「総括整理職」の設置を定めたものである。財務相の「財務官」、農林水産省の「農林水産審議官」といった職がその一例だ。だが、各省設置法令の所掌事務規程に検察側のいう「総括整理をなすこと」といった規定は存在していない。

おそらく、ここにいう「総括整理」とは、組織単位の長として所管している仕事の遂行状況を監督し、問題を整序し、あるべき方向を組織に指示すること、また新たな問題が生じたときには、所掌事務規程に照らして対処可能性を考察し、解決策の検討を組織の構成員に指示することを意味していよう。これが組織のリーダーの役割であることは自明だ。だが、繰り返すまでもなく、それは明文規定ではない。さらに、こうした意味に「総括整理」を理解するとして、ではなぜ、生物製剤課長のみが罪に問われるのか、薬務局長は、はたまた厚生相は、なぜ「総括整理」の職責を不問とされるのか。論理的にかなりの「無理」があるといわねばならないだろう。

行政官の作為・不作為が国家公務員法の懲戒処分のみではなく刑事責任を問われうるとしたことは評価されてよい。しかし、奇しくも検察側が生物製剤課長の職務権限に明文規定は存在しないと認めたうえで、「総括整理」の怠りを罪としたのは、薬害エイズ事件への社会的批判を前にした苦肉の策といってよいのではないか。この裁判が教えているのは、組織の職位ごとの権限と責任が不明確であるならば、行政官そして行政組織の行動に緊張感が生まれがたいことである。「一罰百戒」的に刑事責任を科すことで問題を処理することではなく、組織構造そのものの改革が必要であることだ。

†「棚ざらし」の果てに廃止された職階法

ところで、こうした職位ごとの権限と責任が不明確であることが、戦後の行政機構の民主的改革過程で、GHQおよび日本政府に認識されていなかったわけではない。GHQが官吏制度の民主化＝公務員制度の構築のために招いた、対日人事行政顧問団（団長・ブレイン・フーバー、以下、「フーバー顧問団」）は、二度目の来日となる一九四七年一〇月に、フーバー自ら筆を執って国家公務員法案を起草した。GHQも当時の芦田均《あしだひとし》内閣にこの完全実施を指示した。このとき、フーバー顧問団の起草した国家公務員法案は、たんに公務員の身分的階級区分を廃止しただけではない。アメリカの公務員制度に倣《なら》って、職階制（position classification system）の導入を図るものだった。職階制とは「官職を、職務の種類及び複雑さと責任の度に応じ」分類整理するものであり、それを前提として行政組織の人事システムを構築するものである。国家公務員法は職階制の導入を第二九条に規定し、さらに国家公務員の職階制に関する法律も、一九五〇年に制定された。

国家公務員法にもとづいて設置された中央人事行政機関である人事院は、職階制の完全実施にたびたび挑戦するが、職階制に関する法律は実質的に施行されなかった。わずかに給与分類に適用されたが、完全施行されないまま二〇〇九年に廃止された。この事情や理由は最近の研究としては西尾隆『公務員制』（東京大学出版会）に詳しい。ようするに、アメリカ型の公務員制度を導入しようとしても、明治期からつづくゼネラリストに偏重した官吏（公務員）制度になじむものではないとみなされた。人事院はともかく官僚機構は、職階制の導入にまったく否定的だったのである。

しかし、それにしても、行政作用法と行政組織法の齟齬《そご》を質《ただ》し、そして職位の権限と責任を行政組織法である各省設置法に明文規定することは可能であったはずである。その意味で、行政組織法定主義で満足している国会・政治家の資質とならんで、繰り返されてきた行政改革の質が問われるといえよう。その結果が、まさに今日の重要問題だが、「法律にもとづく行政」とは何かについての認識を希薄なものとさせているといってよい。

実際、設置法令のみによる行政もまた「法律にもとづく行政」とされてきた。「行政指導」の多くも各省設置法令＝所掌事務規程で実施されてきた。さきにも述べたように、行政手続法第三五条第一項は行政指導の「責任者」を明らかにするとした。だが、行政組織法を厳密に考えるならば、誰が「責任者」なのか不明だ。せいぜい、事務の所掌組織単位の長で「お茶を濁す」以外にない。だが、薬害エイズ事件の裁判にみるように、組織単位の長の行政責任にくわえて刑事責任が問われる段になると、「権限と責任は無い」となる。ようするに、行政作用法と行政組織法の齟齬、職位の権限と責任の不明な組織構造は、官僚制組織の「独善的」行動に縛りをかけることは難しい。近年、とみに指摘されている「官僚制の劣化」とは、現象的にはそのとおりだとしても、官僚制の構造に歴史的に胚胎《はいたい》してきた欠陥が噴出したものといってよいだろう。

†「大部屋主義」と不完全解

ところで、こうした権限と責任の所在が不明確である行政組織の執務形態を「大部屋主義」と特徴づけたのは、行政学者の大森彌《わたる》である（『官のシステム』東京大学出版会）。筆者もかれの指摘を参照しつつ『行政指導』や『技術官僚』を著した。最近では若干の変化も生まれているが、日本の官庁で執務の個室を与えられているのは、局長（それ相当職もふくむ）以上である。課ごとに設けられた「大部屋」では、課長が全体を見渡せる窓際にデスクを構え、そのもとに幾列かの「島《しま》」と呼ばれる係のデスクが並べられている。

このような執務形態では、意思決定にあたって情報が日常会話のように共有される。つまり、自らの担当事務と直接関係しない事柄も耳に入る。それはともあれ、ある意味で情報が共有され意思決定が「全員参加」でなされるような状況のもとでは、課長のリーダーシップはあるにせよ、問題事象の解決にラディカルな意見をいう職員はスポイルされるし、そもそも生まれてこない。それを協調性が重視される日本的組織文化ということもできようが、公共的問題を解決すべき行政組織にとって望ましいとはいえまい。

かつてある高級官僚は、筆者に「われわれは一〇〇点取れなくてもよい。八〇点で充分である」と語ったことがある。だが、行政組織を取り巻く諸利益集団、そして政治集団の意向に配慮し組織の安定を指向するかぎり、八〇点どころか及第点にも及ばないことがあろう。つまり「不完全解」でもって満足することになる。だが、そうした外部の評価は、大部屋内では主たる関心事項とはならない。なぜなら、組織の構成員すべてが、問題解決に一定の「貢献」を果たしているからである。とはいえ、「大部屋」は階統制構造をとる官僚組織だ。組織の「失敗」の尻ぬぐいを組織の長が部下に命じるならば、それを拒否することも難しく、その不条理に苦悩する職員が生まれる。

いずれにしても、執務形態の「大部屋主義」は、問題解決の核心についての議論を疎《おろそ》かにする。極端なことをいえば、すべてが「〇〇に関すること」なる所掌事務規程で解決可能である。こうした意思決定においては、決定にいたる部内の議論が綿密に記録・保存されることもないといってよい。

4 官僚の意思決定と文書主義

†文書主義の対外的機能

M・ウェーバーの官僚制概念を取り上げるまでもなく、官僚制組織の行動は規則にもとづく。規則はいうまでもなく文書化されている。それは法律、政令、省令にはじまり職員の行為準則（マニュアル）である行政規則まで実に幅広い。こうした文書は行政組織内で日々大量に作成されている。したがって官僚制組織の行動を特徴づけているのは文書主義であるといえよう。以上にみてきた官僚制組織の構造上の特徴をふまえて、意思決定と文書主義の実際を考えていくことにしよう。

公文書の管理に関する法律（以下、「公文書管理法」とする）は、公文書を行政機関で作成されたもの（「行政文書」）と独立行政法人、国立大学法人、日本銀行などの法人で作成されたもの（「法人文書」）に分類しているが、それらは①職員が職務上作成・取得したもの、②組織的に用いるもの、③その機関が保有しているもの、の三要件を備えたものと定義している。この定義についてはのちにまた考えるが、「職員が職務上作成・取得したもの」とは、いったい何を具体的に指すのか。森友学園・加計学園問題にみるように、定義が定かでない部分が残る。この出発点が明確でないならば、官僚制の行動に一定の枠をはめることは難しい。

ともあれ、こうした三要件を備えた行政文書（「法人文書」をふくめる）は、行政機関が対外的に発した文書と、行政機関間をふくめた行政組織内文書に大別できよう。後者は、いうまでもなく組織の意思決定にかかる文書である。

行政機関はある問題事象の解決を求める外部集団にたいして、法令はもとより行政規則にもとづいて「正当」な解決策を提示する。あるいは、自治体や諸集団に一定の解決方策を「通知」する。行政機関による法令の解釈裁量である決定を知った市民が妥当と考えるかどうかは、とりあえずここでの問題ではない。たとえば、原子力規制委員会が定めた原子力発電所の稼働、設置の許可基準規則である「新規制基準」には、原発の安全性を確保できないとの批判が繰り返されている。そこには、「新規制基準」が原発プラントの技術基準であって、地震・津波への対応や住民の緊急時避難計画が第一義的審査基準とされていないことをはじめとして、傾聴すべき多くの主張がある。

だが、一般的に官僚制組織の文書主義が「合理的」とされてきたのは、そこに行政活動について一定の予測可能性を内在させているからである。もっとも分かりやすいのは税務規則であろう。それが存在することによって、人びとはその社会的地位に関係なく税務執行上「平等」に扱われる。逆にいえば、税務法令等に違反するならば、いかなる制裁を受けるかは予測可能である。文書という形で規則が明文化されそれにもとづく行政機関の行動が「合理的」とされる理由はここにある。

「法律による行政」がひろく社会的に承認されてきたのは、法とその下位規範である政令・省令について政治的・社会経済的価値に照らして妥当とされたからではない。常にそれらにたいする懐疑や批判が存在しているのだが、行政機関もっというならば政治が、法律をはじめとする規範にもとづいて行動するかぎり、かれらがいかなる行動を執るかを予測することができるだからだ。

もちろん、文書主義を基本とした官僚制組織の行動には「繁文縟礼《はんぶんじょくれい》（レッドテープ）」、

「訓練された無能力」といった非合理性、つまり「官僚制の逆機能」が指摘され、批判が浴びせられることがある。われわれも行政機関との交渉時にこうした逆機能を実感することがあろう。くわえて、法令等の規則にもとづく行政執行といっても、それは機械的におこなわれるのではなく、担当官ないし行政機関の解釈という裁量をともなう。裁量判断の妥当性・適切性が社会的な議論を呼び起こし、行政の責任が問われることもある。

だが、「官僚制の逆機能」などや解釈裁量をめぐる批判やその改革は議論されても、文書にもとづく法的規範の執行そのものに批判の眼差しが向けられることはなかった。それは民主主義政治体制のもとでの当然の行動とみなされてきた。

ところが、現代日本を揺るがしている官僚制問題は、対外的に発せられた文書の作成が、きわめて不透明であり恣意《しい》的であることに端を発している。

†意思決定行動にともなう大量の文書

森友学園・加計学園疑惑があらためて社会に投げかけた問題は、行政機関内における意思決定や行政執行のための文書が、どのように作成され、使われ、保存されているのかだ。言い換えれば、官僚制組織内における意思決定と文書主義の実相である。より直接的にいうならば、行政機関の職員が「職務上作成した」文書とは何を指しているのか、いったいそれはどこまでを公文書というのかである。

官僚制組織内では、日々膨大な量の文書が作成されている。それらは、法律、予算、政令案のような内閣の決裁を必要とする公文書から、省令、規則、規程、要綱などの作成にかかる文書、許認可や補助・負担金の交付決定にかかる文書といった官僚制の権限行使に不可欠の文書にくわえて、組織内の人事や職員給与に関する文書まであり、実に多様である。そして、これらの文書の作成、言い換えれば意思決定過程には、そこにいたるまでに各段階の組織単位内の検討に際して討議メモや結論についての文書が作られているはずである。

ただし、それらが、組織単位の長の承認をえて組織単位としてオーソライズされたものとはかぎらない。担当職員の備忘録的なものである場合もある。しかも、現代ではそれが紙ベースとはかぎらない。各職員に与えられたパソコンに記録・保存されたものの方が多いだろう。

もっとも、意思決定といっても、その内容は担当の判断のみで済む、ほとんど行政官の裁量の余地のないルーティン的業務（羈《き》束《そく》裁量型業務）の決裁から、予算、法令の作成、組織として政策判断をせねばならない許認可といったぐあいに、その内容の重要度が異なる。それに応じて判断にともなう文書、資料、他の部局および関係する他の行政機関との協議・調整にともなう文書の量も異なってくる。

官庁において公文書の管理を所掌しているのは、大臣官房文書課である。大臣官房文書課は文書管理規則を所管し、文書の書式、事案のレベルに応じた決裁権者、保存期間などを定めている。それだけでなく文書課は、省全体の法令審査機能を担っている。所管課が他部局との調整や協議をへて決定された事案を省議において最終決定する前段階として、それが既存の法体系との整合性を保っているかどうかを審査する。そして、局レベルにおいて文書管理や法令審査を担っているのは、局の筆頭課である総務課である。

さて、ルーティンワークといってもよい羈束裁量型許認可などは、あらかじめ決められている担当職員によって決裁文書が起案され、上司（係長）の承認をえて、最終決裁権者（通常は局長）によって決裁される。したがって、組織単位全体としての協議はおこなわれないから、決裁文書のみが残されることになる。もっとも、担当官は起案にあたって何らかのメモ（備忘録）を作っているかもしれない。だがそれはあくまで個人的文書である。

†法律案の作成手続き

今日、公文書管理として問われているのは、こうしたルーティンワークとしての意思決定ではない。法令案の作成、予算、政策判断を必要とする許認可などの官僚制の自由裁量である政策判断が高度に機能する意思決定についての公文書の管理だ。その一例を法律の一部改正案の作成手続きにみておこう。

既存法律の一部改正がアジェンダ（議題）とされる契機は多様である。法律の所管局（課）が社会情勢の変化を認識して「内発的」に取り組むこともあるし、執政部（内閣あるいは省の政治部門—大臣・副大臣・大臣政務官）からの指示を受けてのこともある。どちらにしても、この作業は既存の所管課全体での第一次的検討をベースとして、局長をトップとした担当課長・補佐・一部の係員にくわえて、ケースによっては局の他の課もくわわった会議において改正方向が討議される。

この際、当然のことだが、法律の一部改正に利害関係をもつ省内の課、さらにケースによって他省の局課と協議せねばならない状況が生まれる。事案の決定をスムーズにおこなうためには、こうした協議が不可欠となる。局内の検討、他局の意見、他省の意見などが参照されながら、改正法案の要綱がまず所管課で起草され、それが局長をチェアとする局の会議で討議され、局としての第一次改正法案要綱が決定される。

だが、このの ちに待ち受けているのは、与党事前審査制である。自民党一党優位体制下に作られたこのシステムは、法案の成案の決定に先立って政権党の政策審議機関である政務調査会の事前審査を必要とするというものである。二〇〇一年五月に政権の座についた小泉純一郎は、この廃止を打ちあげたが、信書便法案を除いて掛け声倒れに終わった。三年ほどの民主党政権をへて政権に復帰した自民党は、政権が「目玉」とする政策を除いて与党事前審査制を継続している。

自民党の政務調査会は省編制に応じて部会が作られており、各省は自らに関係する部会はもとより利害関係をもつと思える部会に法案要綱案を提示しその意見を聞く。それを持ち帰りそれらの意見を踏まえた第二次法案要綱案が作成される。それを再び政務調査会の部会に提示し説明するのだが、政務調査会部会の了承をえるまで繰り返される。第三次、・第四次法案要綱は常態とされている。政務調査会部会の合意をえられれば局では法案要綱を踏まえて法案を確定する。それは起案文書として局長の決裁、他局の関連課・局長の決裁、さらに大臣官房文書課の決裁をうけて政治部門の最終的決裁にいたる。

法案要綱・法案の一部改正案の作成過程を概括的にみた。この過程において行政組織内では実に多数の文書が作成されていよう。法案要綱の第一次案がまとまるまでには、論点の整理メモ、それについての部内の議事録といってよい発言記録、関係部局や有力関係議員などの「感触」についてのメモなどがある。これをもとにして、原課《げんか》とよばれる既存法案の所管課職員によって法案要綱の第一次案の素案が作られ、局長をくわえた会議で法案要綱の第一次案が作られる。それは、さきに述べたように自民党政務調査会の部会との協議（審査）にかけられる。当然、政務調査会部会の意見とそれへの対応の記録なども作られる。またこの業務にくわわった職員は、次回の会議や他の組織単位との交渉に備えたメモ（備忘録）を作っていよう。これらの職務の遂行過程で作られる文書は、伝統的なペーパーとしてまとめられたものもあれば、パソコンによる電磁的文書として作成され共有される（実際には双方）。しかも共有の範囲は法案要綱の作成を所管した局にかぎられるわけではない。協議や折衝をした他部局の組織単位にも回付される。こうした作業が幾度も繰り返される。パソコンに保存された電磁的文書をふくめて、その量は膨大である。

†前段での審議会、有識者会議での議論

ところで、いま、行政組織の作業についてみたが、実は法案として作成する事柄の重要度にもよるが官僚制の作業としていうと、法案要綱の作成という作業以前に、課題の解決策について公的審議会ないし「有識者」からなる研究会、懇談会などが設けられ、下準備がおこなわれる。近年の動向としては、官僚制にとって「使い勝手」のよい後者の方が多用されているといってよい。これは政権が「目玉」とする政策についての有識者会議――たとえば、働き方改革実現会議――についてはマスコミの眼も注がれるが、各省レベルでふつうにみられることだ。

ここでは、大きくいって二つの問題を指摘しておきたい。官僚制組織は検討課題だけを示して、内容については「白紙」で委員の議論にゆだねているわけではないことだ。一定の骨格的「答案」をしめす。したがって、委員は「施主」の意向に異論をもたない者にかぎられる。そして、多くの場合、「答案」である「報告書」の原案も事務局である「施主」が起草し、委員の報告という体裁をとることだ。

設置と運営の実態がこうであっても、審議はそれなりにおこなわれる。ここでの官僚側

の説明や委員の発言は、意思決定の追究にとって重要である。もちろん、ボイスレコーダーでの録音とそれをもとにした議事録が作られる。ただし、多くは「抄録」であり、しかも「抄録」原案に委員の手が入る。ときにこの抄録が、諮問した官僚機構にとって「都合よく」まとめられているとの批判が生まれることもある。

もちろん、この議事録（抄録）は、官僚組織内部における法案要綱の作成と並んで重要な公文書だが、それが作成され確定する過程での議論の全容が語られているわけではない。

†どこまで「公文書」と認識されているのか

このように、一つの意思決定過程では膨大な文書が作られている。しかし、そのすべてが「公文書」と認識されているわけではない。次章で情報公開法や公文書管理法について詳しくみるが、最終的決裁文書のみが公文書とされているのではなく、「職務上作成」された「組織共用文書」が公文書とされている。だが、「職務上」あるいは「組織共用」とは何かが、官僚組織において、いかに認識されているかが問われるのである。

財務省による森友学園への国有地売却に関する決裁文書の改竄はさきに触れたが、これは「かがみ」と呼ばれる部分ではなく、売却決定にいたる経緯・理由を述べた説明文書についてだ。改竄前の文書には実に詳しく首相夫人とのやり取りや係わった政治家名などがあった。それが国会に提出された決裁文書から消されていた。だが、このことは一連の国有地売却についての交渉過程において、財務省近畿財務局の職員のみならず財務省理財局の職員が、職務遂行の必要性から文書を作っており、保存されていたことを意味している。

改竄前の決裁文書に記されていた国有地売却の経緯や理由についての記述は、担当職員が自分の想像に任せて「物語」を作ったわけではない。おそらく、この「異様」な国有地売却を「正当化」するために、官僚組織が「組織共用」していた文書や担当官がもっていた文書などを組織の会議で検討し、「決裁文書」にまとめ上げたと考えるべきであろう。これは国有地売却という事案だが、法案の作成においても組織としてオーソライズしていない記録が、多数文書化されているはずである。

法案の作成にあたっては、さきに述べたように自民党政務調査会部会との協議が必要だ。ここで議員から出された意見等は、当然、官僚側は文書として記録している。だが、それは組織としてオーソライズし、「共用」する（した）文書とはかぎらない。担当官が政治家の「本音」あるいは微妙な発言を「個人的に」記録したものもあろう。しかしそれは「職務上作成」したものだ。

一方で、政務調査会は自民党なる政党の組織であって法的根拠をもつ公的機関ではない し、情報公開法の対象組織ではない。政務調査会は官僚組織とは別個に議事録を作成していよう。また議員たちが法案要綱案に書き込むか、別にパソコンなどに書き込むかはともかく、官僚側とのやり取りを文書として残していよう。だが、こうした官僚側が「本音」の部分で何を語ったのか、政治家がいかに応じたのか、を検証するのはきわめて難しいのが実態だ。

†許認可とその背後での審議

官僚機構の自由裁量の余地の大きい許認可行為の結果は、最終決裁権者の決裁をへて相手に通知される。

大学・大学院の設置認可権限をもつ文部科学省（高等教育局）は、学校法人から提出された設置申請書類をそのまま大学設置・学校法人審議会に提出する、たんなる窓口業務を担っているのではない。申請書類を受けて部内で検討するばかりか、「内審査」とよばれる申請者を呼び出した審査をおこなう。そこでは講義科目の具体的内容、科目間の体系性、配当学年の妥当性、担当教員の業績や経歴、学生の卒業後の進路や就業の可能性、などにわたって微《び》に入《い》り細《さい》を穿《うが》った質問が申請者に浴びせられ、申請書類の修正が指導される。この「内審査」と「指導」は、実定法上の根拠を持つものではない。あくまで「行政指導」だが、実質的にこれを「拒否」することは難しい。大学側は、その意見をもとに修正した申請書を提出する。大学側にはマイナーと思える事項であっても「お上」の意に従う。

これらの質問や疑義は、その場の担当官の「思い付き」ではなく、部内の検討結果をもとにしている。当然のことだが、部内での申請書類の検討の結果、「内審査」での指摘事項、その結果についての担当官の意見をもとにした所管課の会議がもたれる。こうした行動が繰り返され、官僚側の要求水準を満たしていると判断されたならば、その結論は文書にまとめられる。そのうえで申請書は大学設置・学校法人審議会にかけられる。

加計学園の岡山理科大学獣医学部開設問題は、文科省と政権の対立を深めた。今日なお、両者の関係は多くの不明部分を残しているが、文科省高等教育局は、加計学園の申請についての部内の会議において、開設目的、獣医のニーズ、カリキュラムや教育スタッフの人選などについての協議を重ね、開設そのものに疑問をもったに違いない。それが文科省の消極的姿勢として官邸サイドに伝わり、官邸の怒りを買ったといってよい。

こうした官僚組織内の申請書類についての協議過程で作成される文書は、部内で共用されていよう。あるいはより詳細なメモの類が担当官によって作られよう。しかし、担当官による協議自体が表に出ることはない。もちろん、そこで作成された文書が公開されることはない。情報公開法によって開示請求しても、「存在しない」とされるか、「意思決定過程の途中の文書」であって開示することにより行政に差し障りがあるとされるだろう。

ところが、事案の重要性にもよるが、こうした議論が外部にインフォーマルに漏らされることがあろう。加計学園の獣医学部新設案件は、国家戦略特区を活用するものであり、文科省単独で申請の妥当性を判断できない。文科省は部内で設置申請書を検討するとともに、内閣府と協議を重ねたはずである。

文科省は獣医学部の新設に「消極的」と報道されてきた。内閣府の官僚は文科省官僚にたいして「開設は総理のご意向」といった趣旨の発言をおこなった。その際の官邸官僚の発言は文科省の官僚によって文書化され、当時の事務次官にも説明されている。この議事録的メモは当初「怪文書」とされたが、少なくとも文科省側には存在していたことが明らかになった。しかし、これらの意思決定の記録文書は、報道のすさまじい競争のなかで記者がスクープしたものである。見方を変えれば、特定の官僚がリークしたものといえよう。文科省官僚とすれば、内閣府官僚との協議記録は、「職務上の必要」から作成したのだが、これは官僚の意識としては「公文書」ではないのだ。文書管理規則にもとづいてファイルされていたわけではない。局長や事務次官に文書の形で渡されたかどうかは、外部からは分からない。実態としていえば、次官や幹部への説明の際の「基礎資料」として、官僚が手元の備忘録的メモとして所持していたのであろう。

加計学園の獣医学部新設疑惑だからこそ、このような本来表に出ない文書が姿を現すのだろうが、日々、官僚制組織が係わっている自由裁量型許認可の処分およびその不利益処分については、決定にいたるまでに多数の文書が作られていよう。それは補助金の交付決定についてもいえよう。そこではある意味で「生々しい」組織単位内外の関係者の発言が要点筆記されていよう。当然のことだが、政治家などの「口利き」に関する発言記録もあるに違いない。

†最終決定の重視・決定過程の軽視

さて、これまで行政組織内部での文書の作成を、法律の改正案の作成や大学設置認可を取り上げてみてきた。行政機関が権限を行使するためには、法的根拠を必要とする。権限の増殖は組織のリソースの拡大に直結するから、法令の改廃作業は官僚制組織の行動の中核であるといってよい。またこれを基本的根拠として許認可権限を行使することは、官僚制組織の権限と存在の正当性を社会的に印象づけることになる。しかも、これらの行為は官僚制組織の権限行使という内発的要因のみによるのではなく、社会経済の複雑化による問題事象の解決のために必要とされる。こうした意思決定過程の透明性の確保は、その活動が複雑さをますにしたがって多くの議論を呼び起こしてきた。情報公開法制の制定は社会的・政治的要請にもとづくものである。

しかし、官僚制組織にとって最も重要なのは、決定そのものであって決定プロセスではない。決定プロセスの全容が明るみに出て組織内の異論の存在が知られることは、権限行使にとって障害そのものである。もっとも、さきにみたように、きわめて包括的な所掌事務規程をもとにした「大部屋主義」という執務形態では、極端な異論は提起されないどころか、構成員の全員が決定過程に「参加」しているから、それぞれ何分の一かの責任を共有しており、プロセスよりは「決定」が大切なのだ。また、本章の冒頭にみた組織の非民主的構造は、仮に決定過程に「異議」をもつ職員が存在していても、組織上部の権威主義的言動によって自ずと行動を抑制されていく。行政官僚制組織に特有ではないが、内部告発などは、「発覚」した後の「制裁」を恐れて機能するものではない。

こうして、官僚制組織においては最終的決裁文書が最重要文書なのであって、組織の各段階における決裁権者が押印した決裁文書の形式が整っていればよいことになる。国会をはじめとした外部も、「決定」は重視しても「決定過程」を重視しない。だから、「国権の最高機関」にたいしても、組織に「危害」がおよばないように改竄した「決裁文書」が臆面もなく提出されるのだ。

ところで、森友学園疑惑にともなう決裁文書の改竄は、こうした官僚制行動のなかで本当に「異例」なのか。のちにまた触れるが、法案の立法理由となるエビデンスや行政実施の基礎となる統計の「改竄」「偽造」も続発している。これらのデータも所管組織によって決裁されたものだ。組織上部の指示であるのか、実務を担った組織の過失か意図的な操作かはともかく、データの収集やとりまとめ方法といったプロセスへの関心が、組織の関心の埒外である結果といってよい。

こうした「改竄」あるいは「不適切」な処理が明るみに出た理由は判然としていないが、官僚制の「劣化」と一括りできるものではなく、決定過程を重視しない、それを外部に知らせる必要はない、という官僚制行動のなせる技といった方が適切であるといえるだろう。

†なぜ、決定過程の文書が軽視されるのか

こうした官僚制組織の習性ゆえに、決裁にいたる過程に作られた膨大な文書や資料は、長年にわたって公的には保存対象とされてこなかった。もっとも、それは「保存」が組織単位に法的に義務づけられていないという意味であって、実態として保存されていなかったという意味ではない。だからこそ、いわゆる「エイズ・ファイル」が大量に倉庫から「発見」されるのである。

では、なぜ、こうした「習性」が伝統として受け継がれてきたのか。一つには、さきに述べたように、権限行使にとって最終的決裁文書以外は不要との認識があるのは否めない。しかし、それだけだろうか。官僚組織の基底にエリート主義の裏返しの秘密主義が支配し、外部に向けて組織内の協議事項や事前の工作を明らかにする必要はないとの意識が色濃いことを指摘できよう。このことをもう少し組織構造に照らしていうならば、繰り返し述べたように、日本の官僚制が職位の権限と責任を明確にした組織となっていないことが大きく影響していよう。

官庁の文書管理規程・管理規則や専決規程は、決裁権限者を定めている。だが、事案の

決定にいたるまでには、組織単位内ばかりか関係する組織単位との間で折衝や根回しがおこなわれ、一定の合意が得られる状況があらかじめ作られる。それは組織単位の長がおこなうとはかぎらない。組織内の係・係員には事務分担が定められているが、それは権限と責任を明示したものではない。したがって、個々の事案の基礎的な検討が組織単位の長から命じられた職員をリーダーとしておこなわれる。それをもとにして組織単位の長がくわわった会議において一定の方向が出される。他の部局との折衝・根回しについても同様である。しかも、こうした任に当たるのは、いわゆるキャリア組官僚である。

かれらは基本的には昇進レースの競争相手なのだが、部局を超えた一体感は強い。そのうえでの競争であるから、相手側の顔を立てながら、つまりは「円満」を装いつつ、いかに自らの主張を合意事項に組み入れていくかに腐心する。逆にいえば、「変人」「奇人」「頑固」などという評価が生まれることを極力警戒する。

日本の官庁において「属人主義」は一般的にいうかぎり排されている。とはいえ、こうした合意調達方法が主流であるとき、個々の協議などの文書を最終決裁文書とともに保存する指向は希薄とならざるをえない。

くわえて、自民党一党優位体制のもとでの与党事前審査制は、実質的に国会での委員会審議の先取りだ。このこと自体、民主主義政治体制にとって重大問題だが、官僚制組織の側からみれば、事案の決定にいたる理由は十分に説明し、さらに議員側の要望や要求を入れた修正を施したものであるから、事案の決定にいたる事前の文書を保存しておく必要は希薄なのだ。それが事案の決定の各段階における文書の軽視という習性として、脈々と生き続けているといってよいだろう。

5 官僚制にたいする民主統制と歴史への責任

†民主政治と歴史への責任

文書主義が官僚制行動の基本原則だが、文書が組織内においてどのように扱われているかは、官僚制組織の特質を物語っていよう。官僚制組織は意思決定に関しての行動を文書として記録し、組織内の議論や他の組織単位との折衝などに用いる。M・ウェーバーは、官僚制は「合法的支配」の典型とした。これは官僚制組織が明示的な規範によって行動することを意味しており、その結果、その行動が予測可能であるがゆえに、支配の類型として合理的としたのだ。しかも、これは理念型であるから、「合法的支配」は歴史への責任、言い換えれば次の世代による検証に耐えうるものであることは、当然の前提とされている。

ところが、現代日本の行政を揺るがしているのは、理念型から遠く離れた官僚制行動であり、その一つの具体的表れである文書の作成と管理である。

ここにいう文書は、最終的に決裁された文書のみを意味しない。審議途中に作られた文書が大なり小なり官僚制行動を支えているかぎり、それもまた官僚制の行動を予測する根拠となりうる。アジア・太平洋戦争の敗戦後、軍事組織のみならず官庁では多数の文書が焼却されたという。それらは最終的決裁文書だけではない。審議途中の文書もふくまれる。それらが敵（連合国軍）の手に渡ることによって、日本が何を企図していたかの証拠となり、戦争犯罪の追及を恐れたからだ。当時の政治と行政は、旧体制をいかに守るかが差し迫った課題であった。

だが、平時においても、公的文書の廃棄は組織的におこなわれたとされる。とりわけ、霞が関官庁街は、一九九〇年代から建替えが進展しており、かつての面影はない。とりわけ、問題視されたのは旧内務省ビル（当時の名称は人事院ビル）の解体だ。戦前期内政に絶大な権限と影響力を誇った内務省は一九四七年一二月に解体された。戦後、このビルには人事院、自治省、国家公安委員会・警察庁などが入っていたが、旧内務省の文書をはじめとして戦後の内政上の文書が大量に所蔵されていたといわれる。だが、人事院ビルの解体時にこれらの文書の多くが廃棄されたという。歴史的文書をふくめてファイリングされ、外部に公表されていたわけでないから、いかなる文書が何を基準として廃棄されたのかは、検証のしようのないことだが、「用済み」の文書には、戦後行政の貴重な史資料となりうるものがふくまれていたであろう。

こうした事態は、官僚制組織のみならず政治に歴史への責任意識が希薄であることを物語る。実際、次章で中身を考えるが、情報公開法も公文書管理法も二一世紀に入って施行された。

†問われる民主政治への感性

文書管理の習性と特性をみたが、日本の官僚制には民主政治の担い手としての感性が磨かれていないといってよいだろう。公文書は官僚制の行動の記録であって、官僚制の意思決定や政策・事業の実施が、民主政治を明確に意識したものでないならば、公文書の作成も保存も、歴史の検証に堪えられるものとならないのは当然である。

公文書管理法施行後の省内文書管理組織体制については、のちに述べることにする。だが、それ以前の組織体制は、きわめて貧弱であり、省組織として統一的管理をおこなうものではなかった。もっというならば、その必要性についての認識が希薄であり、公文書管理法が施行されてから約一〇年を経る今日においても、なお、歴史の検証に耐えうるように文書を記録として残すという認識は、官僚制のエートスとなっていないといえるのではないか。

もっとも、貧弱な文書管理体制を官僚制組織のみの責に帰すことはできまい。国会というよりは政治が、国民代表として行政活動を統制する意思に欠けているならば、公文書の管理など政治のミッションとはならない。いきおいそれは官僚組織に公文書の管理が民主政治に不可欠との認識を生み出すことはない。実際、「お供物《くもつ》・ご利益《りやく》」政治という言葉がなお残るように、議員にとっていかに個別利益の実現を図り、票や政治資金を獲得するかが最重要視されるかぎり、公文書など関心の埒外となる。むしろ、議員の活動実態を正確に記した公文書などは、存在しない方が好ましい。

ところで、官僚制組織がその足跡を文書として残すことは、行政にたいする民主的統制にとって不可欠だが、文書は政府全体として統一的に管理・保存されていなくては意味をなさない。だが、少なくとも二〇一一年の公文書管理法の施行まで、最終決裁文書ですら省庁間によって保存期間などは統一されていなかった。言い換えれば、公的文書の「寿命」は行政組織の裁量判断だった。各省の文書管理規程は「有期限文書」と「無期限保存文書」に大別されていたが、後者は「永久保存」と「永年保存」に分類された。「永久保存文書」は文字通りだが、「永年保存文書」は、廃棄される可能性をふくんでいる。くわえて、文書管理規程の対象外の文書が多数存在し、その廃棄は「公文書」とは認識されずに自由に廃棄されてきたのだ。

日本の行政統制が難しく、同時に行政の歴史研究がはかどらないのは、最終決裁文書よりもはるかに実態を物語る意思決定過程で作られた文書が、ある意味「属人的」に処理されているからといえよう。高級官僚OBが、自らの現役時代の政策や事業、それらをめぐる利害関係人や政治家の動きなどについての「回顧録」を出版することがある。それはそれで貴重な「歴史への証言」ではあるだろう。だが、それを詳細に公的文書でもって跡付けることはきわめて難しい。それどころか、首相を務めた政治家が、在任中の重要決定事案についての公文書を「私蔵」していたとの事実さえ、報道されている。

行政の民主統制は、たんに進行中の事態を統制することではない。それは歴史への責任をとることである。日本の近現代史には、いまだに「謎」とされる事象が多数存在している。そして問題事象によってはイデオロギー対立となっている。政治と行政への民主統制が公的文書にもとづいて機能しなければ、国としての歴史への責任は果たされない。

日本の公文書管理は、情報公開法および公文書管理法の施行によって大きく変容したとの評価がある。情報公開法の制定時に、それは行政の民主化にとって「劇薬」と評した学者もいる。たしかに、これらの新たな法制度が政治と行政の「透明度」を高めた側面は否めない。それにもかかわらず、森友学園・加計学園をめぐる政治疑惑が生じ、いまだに真相は「藪の中」である。

以下、章を改めて情報公開法と公文書管理法の意義と現行制度での限界、さらにこれらと法理念としては真逆の特定秘密保護法の実態を考えてみることにしよう。

第二章

官僚制の意思決定と情報公開法・公文書管理法

官僚制組織の意思決定過程の各段階には、実に大量の文書が作成されており、最終的な決定にいたる。それらを検証すれば、どのような思考と行動のもとに決定がなされたのかがわかる。民主政治にとって意思決定過程の記録というべき文書の公開と適正な管理は、重要な根幹であるといってよい。

二〇〇一年に施行された情報公開法、その一〇年後に施行された公文書管理法は、日本の政治と行政に新たな地平を切り開くものと期待された。たしかに、この法律の施行のみならず自治体の条例は、政治と行政の透明性の確保にとって「画期」的であるし、その意義を認めないわけにはいかない。しかし、意思決定過程の情報公開とそれを裏付ける公文書の管理の態様は、いまや政権の言動の正当性を問う一大スキャンダルを呼び起こしている。

これまで、日本の官僚制の組織構造とそこに胚胎している「欠陥」についてみてきた。本章では、それを踏まえて情報公開法、公文書管理法がいう「公文書」に焦点をあてつつ、二つの法律の意義と限界、言い換えれば官僚制の思考と行動の実像を考えてみる。同時に、公文書管理法の施行から三年後の二〇一四年に特定秘密保護法が施行された。それが情報公開・公文書管理法制におよぼす影響について述べることにする。

1　情報公開法の制定と論点

†市民運動の問題提起と自治体が先導した情報公開法制

一九九九年の第一四五通常国会で情報公開法（「行政機関の保有する情報の公開に関する法律」、以下、略称を用いる）が、ようやくにして成立した。日本で情報公開法の制定を求める動きが高まったのは、一九七六年七月、ロッキード事件に関連して田中角栄《かくえい》・元首相が、受託収賄罪で検挙されたのを機としてであった。アメリカの航空機メーカーであるロッキード社の新鋭大型旅客機ロッキード・トライスターの全日空への導入について、田中首相が多額の賄賂《わいろ》をえて便宜をはかったというものだ。この事件では、商社の丸紅、当時の運輸相、運輸事務次官なども検挙された。だが、ロッキード社は、アメリカを代表する軍需企業でありR・ニクソン政権と密着していた。ニクソン政権と日本政府との兵器調達関係もふくめて、事件の真相は今日なお解明されているとはいえない。

それはともあれ、「総理の犯罪」といわれたロッキード事件を機として、日本の行政の「密室性」への疑問が一挙に噴き出した。一九七九年に自由人権協会が情報公開法要綱を発表し、また八九年には学者や市民運動家などによって「情報公開を求める市民運動」が結成された。民主政治を確保するための有力な手段として情報公開法制を求める動きは、社会的広がりをみることになる。

こうした状況を受けて情報公開法制は自治体が先導する。一九八二年に山形県金山町《かねやままち》が日本初の情報公開条例を制定した。翌八三年には神奈川県が都道府県レベルで初の情報公開条例を定めた。首都圏の大規模自治体である神奈川県の条例制定のインパクトは大きかった。当時の知事・長洲《ながす》一二《かずじ》が提唱した「地方の時代」の流れを受けて情報公開条例は各地の自治体に伝播していった。

しかし、中央政府レベルにおいては、一部の野党がときに制定を求めたが、当時の自民党政権は情報公開法制に否定的であり、法制化にむけた動きはきわめて鈍かった。一九九一年に政府は「行政情報公開基準」を取りまとめた。だが、これは要綱であって省庁にたいする拘束力をもつものではなく、また積極的情報公開というよりは「情報提供」の基準を示したものにすぎなかった。

†村山富市・自社さ連立政権による法制化の始動

こうした状況下の九三年七月の衆議院議員総選挙において自民党は第一党の位置は守ったものの過半数割れとなり、細川護熙《もりひろ》を首班とする七党一会派からなる連立政権が誕生した。この連立政権は短命に終わり、九四年六月に自民・社会・新党さきがけによる連立政権が誕生する。首相の地位に就いたのは社会党（現・社民党）党首の村山富市《とみいち》だった。連立政権を構成する三党のなかで情報公開法制にもっとも関心を高めていたのは、武村正義《まさよし》が代表を務める新党さきがけであり、社会党も国レベルの情報公開法の制定が必要としていた。

村山政権は九五年三月に行政改革委員会（委員長・飯田庸太郎《ようたろう》）の部会として行政情報公開部会を設置する。この行政情報公開部会が行政改革委員会に情報公開法案要綱案を報告したのは、九六年一一月一日だった。内閣の交代、連立与党の変化といった政治の変動はあるが、国レベルの情報公開法の制定がようやくにして政治日程として具体化し、さきのように九九年五月、小渕恵三《けいぞう》政権のもとで情報公開法が国会で成立し、二年後の二〇〇一年四月一日に施行された。

情報公開法の制定運動が市民運動として始まったのは、さきに述べたようにロッキード事件を契機とするが、村山連立政権が制定に向けて動き出し、また行政改革委員会の行政情報公開部会の審議に社会の関心が高まったのは、行政の「密室性」への批判や政治・行政スキャンダルの続発であったといえる。

いわゆる「住専問題」として、住宅金融専門会社の債務処理をめぐる大蔵省と農水省の「密約」、薬害エイズ事件における厚生省薬務局生物製剤課の「証拠隠し」、さらに自治体の情報公開条例を用いた市民オンブズマンによる「官官接待」の告発などの社会的批判が続き、情報公開法の制定に弾みをつけた。それゆえ、情報公開法制の最大の焦点は、国民の「知る権利」の法的定立を基底においた、行政機関の意思決定情報（公文書）の公開にあった。つまり、行政情報の公開に関する国民の請求権とそれにもとづく行政機関の情報開示義務を法的に確立することだった。

行政改革委員会行政情報公開部会の設置からすでに四半世紀近くが過ぎており、情報公開法にくわえて公文書管理法も制定をみている。だが、当時の行政情報公開部会による法案要綱の取りまとめをめぐる議論には、今日の森友学園・加計学園疑惑における公文書公開・管理をめぐる問題が、すでに集約されていたといってよい。その意味ではこの二〇年余にいかほどの「進歩」があったのかといいたくもなる。当時の議論は関係者によって多数の論考が公表されているが、筆者のみるかぎり、読売新聞記者（当時）の鶴岡憲一と弁護士の浅岡美恵による『日本の情報公開法　抵抗する官僚』（花伝社）が最も詳細なドキュメントといえる。基本的にそれを参照しつつ、議論の要点をみていこう。

†行政情報公開部会のメンバーと議論の焦点

自民・社会・新党さきがけ三党連立の村山政権が情報公開法の制定を政治アジェンダとしたことは、評価しておかねばならない。だが、行政情報公開部会の専門委員の人選には、連立政権第一党の自民党および情報公開に消極的な官界の意向が色濃く反映されているといってよい。専門委員構成は表1のとおりだが、部会長の角田禮次郎《つのだれいじろう》は内閣法制局長官を務めた元最高裁判事だ。今泉正隆《まさたか》（警察庁OB）、尾崎護《まもる》（大蔵省OB）、勝見嘉美《よしみ》（元名古屋高裁長官・最高裁事務総長）、福川伸次《しんじ》（通産省OB）といった具合に、部会長をふくめて五人が行政官僚および司法官僚OBだった。

学識者の専門委員として塩野宏（部会長代理）、小早川光郎《みつお》、佐藤幸治、成田頼明《よりあき》、堀部

表1　行政改革委員会行政情報公開部会の専門委員

部会長	角田禮次郎	元最高裁判所判事
部会長代理	塩野宏	成蹊大学教授
専門委員	秋山幹男	弁護士
	今泉正隆	三和銀行顧問
	尾崎護	国民金融公庫総裁
	勝見嘉美	元名古屋高等裁判所長官
	後藤仁	神奈川県自治総合研究センター所長
	小早川光郎	東京大学教授
	佐藤幸治	京都大学教授
	鈴木良男	旭リサーチセンター社長
	成田頼明	横浜国立大学名誉教授
	福川伸次	電通総研社長
	堀部政男	一橋大学教授

(肩書等は当時)

政男といった行政法学、憲法学の専門家にくわえて、秋山幹雄、後藤仁《ひとし》、鈴木良男が任命されている。秋山幹雄は弁護士であり、自由人権協会が発表した情報公開法案の起草者であった。また後藤仁は一九八二年の神奈川県情報公開条例の制定にあたって県側の責任者の一人であった。

行政情報公開部会の専門委員構成にくわえて部会の事務局長は、親委員会である行政改革委員会の事務局長であり、総務庁官僚である田中一昭《かずあき》が兼務した。事務局長人事については新党さきがけと自民党の間に対立があったとされる。新党さきがけは、民間人の起用を強く主張したが自民党によって拒否された。

こうした行政情報公開部会が情報公開法の制定に熱意をもって取り組むかどうかは、当初より疑問視されたが、部会の当初の議論の焦点は『知る権利』を法に規定するかどうかにあった。これにくわえて、公開対象の機関、インカメラなど多岐におよんだ。こうした課題について部会の議論がどのようになされたかは、さきの鶴岡・浅岡の『日本の情報公開法』が詳しいので、それを参照することにして、公開対象文書とりわけ意思決定過程にかかる文書をどのように定めるかという問題のまえに、情報公開法制の骨格を左右する「知る権利」についての議論をみておこう。

†「アカウンタビリティ」による「知る権利」の代替

日本の情報公開法には、「知る権利」ないしそれを具体的に嚙み砕いた文言はまったく出てこない。情報公開法第一条は、「この法律は、国民主権の理念にのっとり、行政文書の開示を請求する権利につき定めること等により、行政機関の保有する情報の一層の公開を図り、もって政府の有するその諸活動を国民に説明する責務が全うされるようにするとともに、国民の的確な理解と批判の下にある公正で民主的な行政の推進に資することを目的とする」としている。

部会の審議途中から「知る権利」が規定されるかどうかは社会的関心となったが、部会のなかでは「知る権利」を条文中に規定することには、憲法解釈上無理があるとの意見が大勢を占めた。もちろん、国政情報を「知る権利」は、憲法一三条（個人の尊重・幸福追求権・公共の福祉）や二一条（集会・結社・表現の自由、通信の秘密）のほかにも国民主権、民主主義の原理、あるいは参政権から裏付けられる明確なものではないかとの意見もあったとされる。だが、結局のところ、「情報公開制度は、究極的には国民主権の下での、責任ある政府を確保すること、いいかえれば、国政における公開性（openess）、責任性（accountability）を確保することに大体尽きる」との議論のもとに、あらたに提起された「アカウンタビリティ（説明責任）」を明記することで収束することになる。これを主導したのは、部会長代理であり行政法学者である塩野宏だったとされる。

以来、「アカウンタビリティ」「説明責任」は、社会的に多用されているが、「アカウンタビリティ」を政府の「説明責任」と訳すことが、そもそも妥当かについては議論が残る。〈accountability〉には確かに「責任」という意味がある。だが、従来、行政責任という文脈で使用されてきたのは、〈responsibility〉だ。筆者のエピソードを記しておくとワシントンD.C.のアーバンインスティチュートの客員研究員時代、この二つの言葉の異同について同僚に質問した。かれの説明を要約すれば、アカウンタビリティは予算に関する政治・行政責任である。筆者は論文等において「予算責任」と著してきた。ともあれ、説明責任(説明する責務)は、日本の法律はもとより行政用語としても初めて登場したのだ。

ところで、情報公開法に「知る権利」が明記されなかったことは、今日になお問題を残していよう。いな、より深刻であるといってよい。なぜなら、情報公開法第一条の目的規定が「政府の有するその諸活動を国民に説明する責務」とあるように、諸活動を説明する主語(主体)は「政府」だ。これは行政の諸活動の内実を知ることが主権者たる国民の憲法に保障された「権利」というのとは、「真逆」といってよい。説明する責務をどの程度のものと考えるかが行政機関の裁量的判断にゆだねられかねない。実際にも、「海苔弁」という言葉があるように、情報公開請求はしたものの開示された資料は、ほとんど墨で塗りつぶされている事態が頻発している。日本の情報公開法制は、準備段階から「官の支配」という行政文化を反映しているといってよいのである。

鶴岡らは、これとの関連で情報公開法に用いられることになる「不開示」なる言葉に疑問を投げかけている。自治体の情報公開条例は、一般に「開示―非開示」を用いている。「非開示」か「不開示」かは、一見、言葉遊びのような感がないわけではない。部会においてもさほどの議論が交わされた痕跡がない。だが、「不開示」は公開しないという「打消し・否定」の主語をふくんでいる。「非開示」は公開しない主語をふくまない。行政機関は本来国民の財産である情報を国民に代わって管理しているという民主主義の原点に立脚すれば、「不開示」なる言葉は適切でない。この鶴岡らの指摘は情報公開法における「官の論理」を鋭く突いていよう。

実際、情報公開法は一貫して「不開示」を用いているが、第八条では「開示請求に対し、当該開示請求に係る行政文書が存在しているか否かを答えるだけで、不開示情報を開示することとなるときは、行政機関の長は、当該行政文書の存否を明らかにしないで、当該開示請求を拒否することができる」としている。もはやこうなると、情報公開法制とは、いったい誰のための法規範かといわざるをえないであろう。

情報公開法は「知る権利」が国民主権を宣言した憲法にもとづく権利であることを否定するところから出発した。「知る権利」が法に明記されているならば、司法判断はそれが保障されているかどうかを審査せざるをえない。単なる「言葉遊び」ではない。この「欠陥」ないし「弊害」は、法の随所に現れるばかりか、「開示」を争う裁判にもおよんでいる。このことを基本として、今日の重要問題である「公文書」ならびに「意思形成過程の情報」の問題に移ることにしよう。

†適用対象情報とは

「開示対象情報とは何か」は、当然のことだが、情報公開法制の骨格を支配する。分類には多くの基準が考えられるが、事項的分類として、個人情報、企業（法人）情報、防衛・外交情報、行政の意思形成過程情報、犯罪捜査等情報を含む行政運営・事業情報の五分類が採用された。このそれぞれについて、どこまでを情報公開法制の対象情報とするか、逆にいえば、適用除外情報とするかは、情報公開法の広がりを規定することになる。ただし、個人情報、企業情報、防衛・外交情報、犯罪捜査等の情報が一律の公開対象とされないのは、情報の性質や国際関係などを考慮すれば自明であるといってよい。とはいえ、その内実はまさに熟慮を必要としよう。

そのうえでいうと、そもそも「行政文書」とは何かが問題となる。これはのちに述べる公文書管理法における「公文書」とその「保存期間」とも密接に関連する。

「行政文書」の定義をめぐる議論は、部会のなかでも多くの議論があったようだが、部会は途中から小委員会を設置し実質的審議をそれにゆだね、しかも小委員会の議事は「密室」でおこなわれているから、今日なお不明な点が多い。部会には当初「決裁・供覧手続き終了済み」なるきわめて限定的な意見が登場する。だが、九五年末には、「決裁・供覧手続き終了前の情報も含めて、そのなかで未成熟情報は適用除外すればよい」「決裁については問題がないが、供覧という概念によって対象範囲が狭くなりすぎないように配慮すべき」といった議論が生まれ、「決裁・供覧手続き終了済み」という概念に疑問が提示された。

こうした議論途中の九六年二月、厚生省の書庫などから「エイズ・ファイル」と呼ばれる郡司《ぐんじ》篤晃《あつあき》・元厚生省薬務局生物製剤課長らのファイルが大量に発見される。この社会的衝撃は大きかった。「決裁・供覧が済んだ文書」という、ほぼ固まりかけた定義では、法の目的である行政の公開性や「アカウンタビリティ」に応えることはできない、従来のような公文書とは「決裁・供覧済み」という公文書管理規程（各省大臣訓令）にのっとった形式的概念を捨てるべきだという議論が大勢となる。ここから出てきたのが（考案されたのが）、「組織共用文書」なる概念だった。というのも、郡司ファイルは、郡司課長の私的メモなのか、組織で共用した文書なのかが問題視されたからだ。菅直人《かんなおと》・厚生相の調査指示で「発見」された「エイズ・ファイル」は、郡司の作成した書類だけではない。「エイズ研究班用ファイル」「HIV訴訟用ファイル」をはじめ厚生省保健医療局が提出したファイルをふくめた三〇冊をいう（薬務局関係二六冊、保健医療局関係四冊）。したがって、郡司ファイルに限定して私的メモか否かを議論するのはおかしいのだ。そもそも郡司は、薬害エイズ事件を引き起こした非加熱血液凝固製剤の製造承認に権限をもつ生物製剤課の課長だった。八三年六月に生物製剤課が設けたエイズ研究班（「血液研究事業・エイズの実態把握に関する研究班」班長・安部英《たけし》・帝京大学医学部教授）のアジェンダ設定や代替製剤（クリオや加熱血液製剤）の使用可能性についてのメモランダムは、「私的メモ」ではないはずだ。生物製剤課の意思決定過程で作られた「公文書」である。

†「組織共用文書」の範疇

こうして、公開対象文書は「組織共用文書」なる概念で定義されることになる。つまり、「当該行政機関の職員が組織的に用いるものとして、行政機関が保有しているもの」とされ、最終法案要綱に記されることになる。

情報公開法第二条第二項は「この法律において「行政文書」とは、行政機関の職員が職務上作成し、又は取得した文書、図画及び電磁的記録（略）であって、当該行政機関の職員が組織的に用いるものとして、当該行政機関が保有しているものをいう。」とし、官報、白書、新聞、雑誌、書籍などの不特定多数の者に販売することを目的として発行されるものや、公文書館等において歴史的若しくは文化的な資料、学術研究用の資料として特別の管理がされているものを除くとしている。

部会の最終法案要綱を反映した情報公開法の「行政文書」についての定義は、「決裁・供覧済み文書」に比べれば確かに対象の拡大を意味しており、それ自体は評価できる。だが、なお、公文書の公開と行政統制との関係という視点に立つならば、今日の公文書管理問題に影を投げかけていよう。最終要綱案の「考え方」は、「作成又は取得に関与した職員個人の段階のものではなく、組織としての共用文書の実質を備えた状態、すなわち、当該行政機関の組織において業務上必要なものとして利用・保存されている状態のものを意味する」とした。「組織共用文書」なるカテゴリーは、情報公開法さらにのちに述べる公文書管理法に引き継がれているが、こうした解釈は行政機関の裁量の幅を広げざるをえない。「職員個人の段階」と「組織としての共用文書の実質を備えたもの」との境界はきわめてあいまいだ。職員がまったくの「私的趣味」から集めた文書（それが公務の場でなされることはあってはならない）ではなく、所掌事務の執行時の文書作成や収集は、おしなべて業務に関連があるとの判断にもとづいていよう。

たとえば、森友学園・加計学園疑惑において、文科省や財務省の職員は、多くのメモを作成していた。それらは事態の深刻化とともに「共用」の度合いを強めていったのだが、文書の定義の「入口」で「職員個人の段階」といった規定をおくことは、情報公開に逆行するといえよう。しかも、「共用文書」であるか否かの挙証責任は、本来、行政機関側にあるが、開示請求にたいして「不存在」とすることができる。実際、朝日新聞をはじめとしてマスコミは、情報公開制度によって数々の文書を入手したのではない。この意味で、情報公開法の規定は行政統制の実効性に疑問を投げかけるものといってよい。

†施行令の公開対象は「決裁文書」に限定か

ところで、情報公開法は以上のような議論を重ねたうえで、「公文書」に右のような定義を下しているのだが、情報公開法の施行令（政令）は、情報公開部会の初期の議論に遡るかのような「公文書」の定義となっている。施行令第一六条にもとづく別表第二で規定している保存対象文書は「決裁文書」となっている。そして別表第二の末尾で「行政機関の意思決定の権限を有する者が押印、署名又はこれらに類する行為を行うことにより、その内容を行政機関の意思として決定し、又は確認した行政文書をいう」としている。この施行令における定義にしたがうならば、「意思決定の権限」を有しない者が確認した文書や、有していても押印、署名のないものは「公文書」とならない。それは意思決定過程の情報公開に反するものといわざるをえないであろう。

こうした批判を避けるためか、施行令は「行政機関の長がこれらの行政文書と同程度の保存期間が必要であると認めるもの」なるカテゴリーを「別表」に設けている。だが、「行政機関の長」が認めるとは、まさに裁量行為そのものである。これでは対象を「決裁文書」に限定したに等しく、対象の拡大につながるものではない。政令である施行令は国会審議を必要としていない。しかも、官僚制組織における行政執行の準拠基準となっているのは、施行令である。

ようするに、数々の不祥事を受けて情報公開法の制定に踏み出したものの、意思決定過程情報はできうるかぎり表に出したくないとする官僚機構の思惑がみえみえなのだ。肝心の意思決定過程の「透明化」に情報公開法の精神が反映しているとはいいがたいのである。開示対象が「組織共用文書」か「決裁・供覧済み」文書かは、のちにまたみるが、依然として官僚の思考と行動において整序されていないのが現実であろう。

情報公開法には、開示請求手続き、情報公開・個人情報保護審査会の権能、不開示ないし部分開示された情報の開示についての司法判断の問題など、多くの課題が横たわっている。だが、ここでは情報公開法の規定する「公文書」の定義を、制定過程の議論をふまえてみてきた。というのも、官僚組織における文書主義に最も関連するのは、「公文書」そのものの定義と公開の度合いだからだ。一方、公文書管理法は、基本的に情報公開法でいう「公文書」の整理・管理・保存についての法規範であるからだ。

2 遅れてきた公文書管理法の制定

†公文書管理法の制定

情報公開法と公文書管理法は「車の両輪」とされる。情報公開法のあり方を議論した行政改革委員会も、公文書管理法の制定を報告書の末尾で求めた。しかし、一九九九年に制定された情報公開法に引き続いて、政府が公文書管理法の制定に動きだしたわけではない。今日と同様に、次々と公文書管理をめぐる「不祥事」が政治問題と化したことを契機としている。つまり、二〇〇七年には年金記録の消滅が「消えた年金記録」問題として一大政治問題となるが、これだけでなく、防衛省装備審査会の議事録不作成問題、C型肝炎資料の放置問題などが続いた。

さすがに国会でも公文書館推進議員懇談会が、二〇〇七年一一月に「この国の歩みを将来への資産とするために――「緊急提言」」を福田康夫首相に提出した。そして翌二〇〇八年二月には、福田首相は公文書管理担当大臣に上川《かみかわ》陽子を任命した。同時に「公文書管理の在り方等に関する有識者会議」が設けられ、座長に尾崎護《まもる》が就いた。尾崎は大蔵事務次官を務めた高級官僚OBだが、さきに述べたように情報公開法の制定を検討した行政改革委員会行政情報公開部会のメンバーでもあった。この有識者会議は、「時を貫く記録としての公文書管理の在り方~今、国家事業として取り組む」を、二〇〇八年一一月四日にまとめた。この報告書をもとにした公文書管理法案が二〇〇九年の通常国会に提出され、二〇〇九年六月二四日に国会で可決成立し、二年後の二〇一一年四月一日に施行された。

公文書管理法案の審議された二〇〇九年の通常国会は、麻生政権の末期であり「政権選択」が一段と現実味を帯びたときである。実際、この年の七月には本格的な政権交代として民主党政権が誕生した。「政権選択」の喧騒《けんそう》のなかで成立した公文書管理法の審議は、既存の情報公開法に修正を迫るような熟議が重ねられたとはいえない。くわえて、政権奪取に勢いづく民主党は公文書管理法の制定自体に異論をもつものでなかったが、政権運営のスキームづくりに大童《おおわらわ》であったからなおさらである。

成立・施行された公文書管理法の柱は、大きくいって次の二点だ。第一は、公文書管理に政府レベルの管理・保存基準を定めたことだ。従来、「公文書」なるものの管理・保存は各省の大臣訓令である公文書管理規程にゆだねられていた。当然、そこには官僚機構の裁量が大きく機能し各省ばらばらとなる。これを是正するために政府全体の統一基準を定め、それにもとづき各省は文書管理規則を定めねばならないとした。第二は、歴史公文書の国立公文書館への移送について定め、情報公開法において「除外」されていた歴史公文書も国立公文書館において公開対象としたことだ。

当然、こうした骨子からなる公文書管理法には、さきの有識者会議の関係者の間に高い評価が存在する。だが、はたして「時を貫く」「国家的事業」といった仰々しい言葉は、内実においてどうなのか。実際、「仏作って魂入れず」との言葉もある。森友学園・加計学園疑惑は、公文書管理法が存在するにもかかわらず生まれているのだ。

†「車の両輪」というが、轍《わだち》が問われる

さて、第一の点からみていこう。「歴史公文書」にも多くの考えねばならない事項があるが、公文書管理法は行政機関による意思決定や執行にかかる文書を適切に保存・整理し、市民による行政の統制を有効なものとするために必要とされる。したがって、まずは公文

書管理法が現実の行政にもつ意義を考えておかねばならない。

公文書管理法は、「行政文書」について「行政機関の職員が職務上作成し、又は取得した文書（略）であって、当該行政機関の職員が組織的に用いるものとして、当該行政機関が保有しているものをいう」（第二条）とした。情報公開法は独立行政法人等の情報公開を別建ての法律としているが、公文書管理法は、独立行政法人等の文書（法人文書）も対象としている。「法人文書」の定義も、主語が「独立行政法人等の役員又は職員」と変わるだけで、文言は同一である。このかぎりでいうと、職員が職務上作成・取得した「組織共用文書」なる情報公開法制検討時からの公文書の定義を踏襲している。

そのうえで、同法第四条は「行政機関の職員は、（法の目的の達成に資するため）当該行政機関における経緯も含めた意思決定に至る過程並びに当該行政機関の事務及び事業の実績を合理的に跡付け、又は検証することができるよう、処理に係る事案が軽微なものである場合を除き、次に掲げる事項その他の事項について、文書を作成しなければならない」とした。

それらは、①法令の制定又は改廃及びその経緯、②前号に定めるもののほか、閣議、関係行政機関の長で構成される会議又は省議（これらに準ずるものを含む。）の決定又は了解及びその経緯、③複数の行政機関による申合せ又は他の行政機関若しくは地方公共団体に対して示す基準の設定及びその経緯、④個人又は法人の権利義務の得喪及びその経緯、⑤職員の人事に関する事項、の五つに類型化された行政文書である。

この規定について内閣府公文書管理委員会の委員長を務める宇賀克也（現最高裁判事）は、「努力義務にとどめずに、意思決定の過程に係る文書の作成を義務として明記していま す。さらに、作成義務のある文書の主要類型を例示しているという点でも注目されます」（『アーカイブズ』四六号）と評価している。

なるほど、公文書管理法なる法律が、官僚制組織の特性である文書主義にもとづき作られてきた文書の作成を、あらためて法的義務としたことは、それなりに評価してよいだろう。ただし、こうした文書の類型設定と作成義務が明記されたのは、公文書管理法の主要な目的である保存期限を法的に設定せねばならないからである。たんなる文書主義のあらためての法律化ではない。

†保存期間基準

むしろ検討せねばならないのは、作成を義務づけた文書が、行政機関の意思決定過程や事務事業執行を「合理的に跡付け、検証できる」ものかどうかにある。

公文書管理法は別表第一「行政文書の保存期間基準」を設けている。そこでは事項ごとに業務の区分、区分に応じた行政文書の類型、保存期間、具体例を示している。この別表第一の諸項目は公文書管理法で作成を義務づけられた各省公文書管理規則に踏襲されている。

「行政文書の保存期間基準」は、表2のとおりだ。それぞれの事務区分ごとの公文書の具体例をみておこう。これらはいずれも従来から作られてきた公文書である。なるほど、大臣指示、政務三役会議の決定、審議会の議事記録や報告・答申、他の行政機関との協議についての文書は、法律の制定・改廃の経緯を時系列に応じて読み取ることができよう。それは一定の意味をもつことは確かである。

しかし、「経緯」として市民（より直接的には国会）が知りたいのは、たとえば「立案の検討に関する調査研究文書」の内実である。「行政機関協議文書」は「各省からの質問・意見に対する回答」についての行政機関部内の検討記録だ。内閣法制局の審査録や閣議請議書は、法律案の作成過程における重要な通過点ではあるが、それは一定の意思決定を前提としたものであって、経緯ではあっても行政機関の内部的意思決定過程を物語るもので

(5)国会審議	国会審議文書（一の項へ）		議員への説明／趣旨説明／想定問答／答弁書／国会審議録・内閣意見案・同案の閣議請議書
(6)官報公示その他の交布	官報公示に関する文書その他の公布に関する文書（一の項ト）		官報の写し
(7)解釈又は運用基準の設定	①解釈又は運用の基準の設定のための調査研究文書（一の項チ）		外国・自治体・民間企業の状況調査／関係団体・関係者のヒアリング
	②解釈又は運用の基準の設定のための決裁文書（一の項チ）		逐条解説／ガイドライン／訓令、通達又は告示／運用の手引

ほか、以下の事項（合計21）について、行政文書野類型ごとに10年、5年、3年といった保存期間が定められている。「2　条約その他の国際約束の締結及びその経緯」「3　政令の制定又は改廃及びその経緯」「4　内閣府令、省令その他の規則の制定又は改廃及びその経緯」「5　閣議の決定又は了解及びその経緯」などが30年。以下の事項は次の通りだが、文書によって保存期間が10年、5年、3年と異なる。「6　関係行政機関の長で構成される会議（これに準ずるものを含む）の決定又は了解及びその経緯」「7　省議（これに準ずるものを含む）の決定又は了解及びその経緯」「8　複数の行政機関による申合せ及びその経緯」「9　他の行政機関に対して示す基準の設定及びその経緯」「10　地方公共団体に対して示す基準の設定及びその経緯」「11　個人の権利義務の得喪及びその経緯」「12　法人の権利義務の得喪及びその経緯」「13　職員の人事に関する事項」「14　告示、訓令、通達及びその他の制定又は改廃及びその経緯」「15　予算及び決算に関する事項」「16　機構及び定員に関する事項」「17　独立行政法人等に関する事項」「18　政策評価に関する事項」「19　公共事業の実施に関する事項」「20　栄典又は表彰に関する事項」「21　国会及び審議会等における審議等に関する事項」など合計21におよぶ。

表2　行政文書の保存期間基準

事項	業務の区分	当該業務に係る行政文書の類型	保存期間	具体例
法令の制定又は改廃及びその経緯				
1　法律の制定又は改廃及びその経緯	(1)立案の検討	①立案基礎文書（一の項イ）	30年	基本方針／基本計画／条約その他の国際約束／大臣指示／政務三役会議の決定
		②立案の検討に関する審議会等文書（一の項イ）		開催経緯／諮問／議事概要・議事録／配付資料／中間答申、最終答申、中間報告、最終報告、建議、提言
		③立案の検討に関する調査研究文書（一の項イ）		外国・自治体・民間企業の状況調査／関係団体・関係者のヒアリング
	(2)法律案の審査	法律案の審査の過程が記録された文書（一の項ロ）		法制局提出資料／審査録
	(3)他の行政機関への協議	行政機関協議文書（一の項ハ）		各省への協議案／各省からの質問・意見／各省からの質問・意見に対する回答
	(4)閣議	閣議を求めるための決裁文書及び閣議に提出された文書（一の項ニ）		5点セット（要綱、法律案、理由、新旧対照条文、参照条文）／閣議請議書／案件表／配付資料

はない。つまり、他省からの意見・質問を受けて回答文を決定するまでには、所管部局において議論が交わされているはずであり、課長や局長の一存で回答文が決定されるわけではない。情報公開法にも同じことがいえるが、この部局における回答文の決定経緯こそが、「時を貫く」文書として管理されねばならないのではないか。

「立案の検討に関する調査研究」も同様だ。法案審議過程において多大な議論を呼び起こしなお社会的批判が絶えない働き方改革一括法がある。国会での論点は多岐におよんだが、当初の法案には裁量労働制の対象拡大がふくまれていた。政府は提案にあたって裁量労働制の方が一般労働より労働時間が短いと説明した。だが、政府は「現実を反映していない」との国会（野党）の批判のみか社会的批判を受けてそれが誤りだったとして、法案審議途中に裁量労働制の拡大部分を削除した。いったい、この「誤り」はどこから生まれたのか。

厚生労働省は出先機関である各地の労働基準監督署に基礎データの収集と本省への提出を求めた。だが、それをどのように分析し、いかなる議論をへて法案の重要項目としたのかは、依然として不明である。政府の国会での説明も詳細さを欠いた。労働者の感覚からいって裁量労働の方が一般労働より労働時間が短いなどということはありえないとの批判が巻き起こらなかったならば、それは「真実」として法に規定されただろう。超過勤務手当などのつかない裁量労働制の拡大で潤うのはだれか。指摘するまでもなかろう。ようするに、「調査研究」の結論のみではなく、そこにいたる部内の分析・検討が記録として管理され、市民に開示されないならば、法律の「虚構性」は生き続けてしまう。

別表第一は「許認可等に関する重要な経緯」という「業務の区分」における「行政文書の類型」として、「許認可等をするための決裁文書その他許認可等に至る過程が記録された文書」をあげ、具体的な文書例として「審査案」「受付簿」「理由」「処分案」をあげている。だが、これは決裁文書の表紙（かがみ）とそれに続く事案の説明文である。それが保存されねばならないのは当然だが、さきに大学設置認可処分について述べたように、そこに至る部内の議論こそが重要なのである。

このようにみてくると、公文書管理法が対象文書の類型を示して保存期間の基準を法として定めたことの意義は認めておかねばならないのだが、肝心の公文書が「組織共用文書」との概念のもとに狭くとらえられており、その意味では意思決定過程で作られた数々のメモランダムや討議資料は、「組織共用文書」ではないから、事案の終了とともに廃棄されるか「私蔵」されていくことになる。「私蔵」はまさに「死蔵」であって、これでは公文書管理法とはいえないのではないか。この「私蔵」そして「死蔵」は、保存期間「一年未満」とされた文書にも生じる。

保存期間と一年未満文書

公文書管理法第五条は、行政機関の長は政令で定めるところにより、作成ないし取得した行政文書を分類し、名称を付するとともに、保存期間ならびに保存期間の満了する日を設定しなければならないとしており、さらに相互に関連する行政文書を「行政文書ファイル」としてまとめなければならないとしている。「行政文書ファイル」には名称がつけられ、管理簿に記載されるから、情報公開法にもとづき文書の開示請求をする際の利便性の向上にも資するといえよう。

ところが、行政文書ファイルにまとめられ管理簿に記載される文書は、「限定」されている。行政文書の保存期間は、五年、一〇年、三〇年と、事項と業務区分に応じて区分されている。だが、「職務上作成ないし取得した文書」がすべてこの区分に該当するわけではない。行政文書にはきわめて軽微なものや短期間に事案の終了する(した)文書が存在する。それらについては「一年未満」との規定が各省の文書管理規則に設けられている。

理屈だけでいえば、日々作成され取得されている膨大な文書のすべてを、長期にわたって保存・管理し、また内容によるが国立公文書館に移送する必要はないだろう。だが、何を「一年未満」の文書とするかは、官僚制組織の裁量である。公文書管理の「抜け穴」となる可能性がある。実際、森友学園への破格の国有地売却の経緯を質された佐川宣寿《のぶひさ》理財局長は、「一年未満」の文書であり、事案の終了とともに廃棄したと答弁した。これが「虚言」であるのはのちに明らかになったが、官僚機構にとって「都合の悪い」、つまり何らかの特別の事情によって表に出したくない事案に関する文書の保存期間を「一年未満」とすることによって、廃棄し「不存在」とすることができる。当然、「管理簿」に記載されないのだから、そもそも何が「一年未満」であったのか検証しようがない。官僚機構の「したたかさ」「隠蔽体質」を物語る。

†ガイドラインの改訂と独立公文書管理監

安倍政権は森友学園・加計学園疑惑への社会的批判の高まりを受けて、公文書管理についてのガイドラインを二〇一七年一二月に修正した。それにもとづき各省の公文書管理規則は二〇一八年四月に修正された。ガイドラインは「一年未満」文書を「定型的な業務連絡や新聞等のコピー」などに限定すること、「行政運営の検証に必要な文書は一年以上の保存とする」ことが規定された。くわえて省庁内や他省との打合せ記録も「公文書」として残すことを求めた。だが、「一年未満」文書については相変わらず管理簿に記載されない。また他省との打合せ記録は相手に確認して「正確性の確保を期する」とされた。

こうしたガイドラインの「改正」がいかに形式的かは、ガイドラインの案を作成した内閣府の官僚にはわかっていることだ。案の定、このガイドラインの「改定」を受けて経済産業省が作成した内部文書は、打合せ記録について「議事録のように、個別の発言まで記録する必要はない」と記していたことが明らかになった。これでは仮に打合せ記録が「一年以上」の文書とされても、意思決定を検証する記録とはならない。相手との確認にしても、政治家名とその発言・要求などの「表」に出したくない事情は、双方ともに同一である。内容に具体性を欠いた「議事次第」ならば、公文書管理法の意味はないといえよう。

もともと、ある省の官僚は二〇〇一年の情報公開法の施行にあたって、「議員案件」などの議員の「口利き」や表に出てまずい案件は「私文書」「メモ」とすることを、徹底して訓練されたと語る。しかし、これらの「議員案件」文書は、執務のために「組織共用」されねばならない。そこで、「取扱注意」の「私的メモ」として組織に供覧されてきた。

さきの「ガイドライン」は、こうした官僚制行動の「習性」を改めるものになるのか。

政府は二〇一八年七月二三日に、のちに述べる特定秘密保護法を制定した際に内閣府に設けた「独立公文書管理監」に政府の文書管理を横断的に監察できる役割をくわえた。そして九月五日に公文書管理監のもとに公文書監察室（職員二〇名）を設けた。独立公文書管理監の秋山実・最高検察庁検事が長を務め、各省から派遣された官僚からなる。今後、各省の公文書管理の実態を調査し首相に報告するとしている。しかし、内閣府における独立公文書管理監―監察室が、官僚制の習性を変革できるか自体も大いに疑問だ。

そもそも森友学園・加計学園疑惑の「疑惑」なる所以は、省庁や自治体に残っている記録文書が、内閣官房―内閣府官僚側に「存在しない」どころか、協議や会議などをおこなった事実はないと「官邸官僚」が言い続け、首相もまたそれを踏襲《とうしゅう》していることだ。つまり、行政府の長としての首相に、公文書の管理・公開に積極性がみられないことこそ、問われねばなるまい。

このようにみてくれば、情報公開法・公文書管理法を「歴史の検証」に耐えうるものとするためには、たんに法律改正のみではなく、官僚制の組織構造、政治・官僚関係の見直しなどを考えざるをえないだろう。それはのちに論じることにして、公文書管理法のもうひとつの柱である「歴史公文書」の保存に眼を転じよう。官庁において「使用済み」文書が保存はされず廃棄されるならば、公文書管理の意味をなさないからだ。

3 現用文書と非現用文書

†外務省機密漏洩事件と文書の開示請求

皇居の堀に臨む北の丸公園の一角に内閣文庫を移管した国立公文書館が設置されたのは一九七一年のことだ。建築物のデザインは、その機能を象徴しているといってよいが、アメリカ・ワシントンの国立公文書館(NARA)と比べるとき、機能の重みを感じさせるデザインとはいえないであろう。実際、公文書はこの国の政治と行政において、「歴史への財産」として認識され重視されてきたとはいえない。これを痛感させるのは、いわゆる「外務省機密漏洩《ろうえい》事件」における文書の存否だ。

事件は一九七二年の沖縄返還にあたって佐藤栄作政権とR・ニクソン政権の間で「密約」があったことを西山太吉《たきち》・毎日新聞記者がスクープしたことに端を発する。西山記者は国家公務員法違反として有罪とされただけでなく、「密約」そのものを政府は否定した。政府はその後の国会審議でも密約を否定し続けたばかりか、二〇〇八年九月、西山が提訴した名誉棄損の国家賠償請求訴訟においても最高裁は上告棄却を下し、「密約」は否定された。だが、二〇〇〇年に我部《がべ》政明《まさあき》・琉球大学教授は、アメリカ国立公文書館で沖縄返還交渉における「密約」を裏付ける公文書を発見した。それは一部のマスコミが大きく報道した。それでも政府は「密約」を否定し続けた。

西山太吉・元毎日新聞記者やジャーナリストらは、二〇〇一年に施行された情報公開法にもとづき、二〇〇八年に「密約」を記した三文書の開示請求をおこなうが、外務省は「不存在」とした。三文書とは次の文書である。第一に一九六九年一二月二日付、柏木雄介・大蔵省財務官とアンソニー・ジューリック・米財務省特別補佐官との日本の対米支払い総額に関する「秘密合意覚書」。第二は、一九七一年六月一一日付、吉野文六《ぶんろく》・外務省アメリカ局長とスナイダー駐日公使との間で交わされた、「在沖縄VOA施設の海外への移転費用一六〇〇万ドルを日本側が肩代わりする秘密合意文書。第三は、第二の翌日に吉野とスナイダーの間で交わされた、「米軍用地復元補償の四〇〇万ドルを日本側が肩代わりする秘密合意文書」。これらの文書の開示請求は東京地方裁判所での訴訟へと舞台を移した。

二〇〇九年六月一六日、西山太吉自ら「私は、思わずわが耳を疑った」と記しているが、杉原則彦《のりひこ》裁判長の冒頭発言はまさに衝撃的であるとともに、政府の責任を鋭く突くものだった。歴史に残る裁判長の発言であり、西山太吉の著書『機密を開示せよ――裁かれる沖縄密約』（岩波書店）から引用させてもらう。

交渉相手のアメリカ側に、甲1、3、5（請求の三文書）などの文書がある以上、当然、日本側にもこれに対応する文書があるはずであり、仮に対応する文書がなくてもこれに関する報告文書等はあるはずであるという原告（西山はじめ二一人）の主張は十分理解できる。これらの文書がないというのであれば、なぜないのかを合理的に説明する必要が被告（国）にはある。また、原告らの主張に係る「密約」はないというのであれば、アメリカ側の上記各文書はどういうものということになるのか、十分な説明を希望する。

この裁判長の発言時には、情報公開法は施行されていたが、公文書管理法は制定されていない。それにしても裁判長の発言には公文書管理の「矛盾」が集約されていよう。つまり、情報公開法において「不開示」処分とされたものを行政不服審査法にもとづいて開示請求した場合、「不存在」とされた文書が存在することの「立証責任」は請求者に求められる。だが、官僚組織が「不存在」としたとき、請求者は文書のライフサイクル（作成、取得、保管、廃棄・移管）の実態を知りうる立場にないし、まして役所に立ち入って調査することはできない。「知る権利」を「アカウンタビリティ」で代替させたことの欠陥が、如実に物語られていよう。

第二に、いかに外交上のトップシークレットに属す「機密文書」であるとしても、アメリカ国立公文書館に日本政府の責任者のサインの入った文書が保存されている以上、日本側に「不存在」ということは考えられないことだ。裁判長の指摘はまさに的確といえよう。日本の官僚制組織における公文書管理が、いかに厚いベールに覆われているかを物語っていよう。それはおそらく高度の機密に属す文書のみではないであろう。そもそも、「機密」とするか否かの判断は、官僚制の裁量にゆだねられているのであり、第三者が判断できるものではない。

これらは、ここで問題視された外交文書に特有なのではなく、行政文書に一般的に該当する。繰り返し指摘するまでもないが、加計学園疑惑に関する意思決定文書は、内閣官房・内閣府に存在しているはずだ。たとえば、広域的に獣医学部が存在しない地域にのみ新設を認めるといった決定の理由を記した文書がそれだ。だが、それはいまだに明らかでない。市民はもとより政党（野党）が内閣官房・内閣府に立ち入って調査するのは不可能なのだ。

それでは、二〇一一年に施行された公文書管理法は、こうした問題状況にどのように応え公文書管理を歴史の財産として残そうとするものだろうか。それを考えてみよう。

†レコード・スケジュール

公文書管理法の一つの重要な特徴は、いわゆるレコード・スケジュール制の導入を法定化したことであるとされている。法の制定以前には、国立公文書館が移管してほしいと考える文書であっても、所有する行政機関の長が同意しないかぎり移管されなかった。しかも、行政機関の判断には、内閣総理大臣との協議・同意を必要としていた。国立公文書館には「歴史公文書」の移管請求権は存在していなかった。

こうした状況にたいして公文書管理法は、さきにみたように意思決定に関する文書の作成を行政機関に義務づけている。そのうえで、各省は行政管理規則を作成し、その一項に保存期間を定めることを規定している。そして、公文書管理法は、「行政機関の長は、行政文書ファイル及び単独で管理している行政文書（以下「行政文書ファイル等」という。）について、保存期間（延長された場合にあっては、延長後の保存期間。以下同じ。）の満了前のできる限り早い時期に、保存期間が満了したときの措置として、歴史公文書等に該当するものにあっては政令で定めるところにより国立公文書館等への移管の措置を、それ以外のものにあっては廃棄の措置をとるべきことを定めなければならない」（公文書管理第五条第五項）とした。ここで「歴史公文書等」とは歴史資料として重要な公文書その他の文書とされ、さらに「特定歴史公文書等」とは、歴史公文書等のうち行政機関および独立行政法人から国立公文書館等に移管された文書を意味している。

このように公文書管理法は、保存期間の切れた文書である「非現用文書」の国立公文書館への移管を規定したレコード・スケジュールを導入した。それは一部で高く評価されているのだが、制度としてのレコード・スケジュールが導入されたことをもって公文書管理の進展とはいえないであろう。そこにはなお多くの課題が残されていよう。

†レコード・スケジュールが見落としているもの

第一に、「非現用文書」が「歴史公文書」であるかどうかは、第三者の眼を通すものではなく、官僚組織の裁量判断である。国有地売却についての行政文書の保存期間は一年未満であり、決定文書は廃棄したとの財務省高級官僚の国会答弁が思い浮かぶ。「廃棄」された文書が残っていたことは、その後の決裁文書の改竄問題で明らかになるのだが、そもそも国民の財産である国有地の売却に関する文書が、保存期間一年未満とされていること自体妥当だろうか。もちろん、国有地の売却といっても事案は多様であり、国有地の規模や売却額などに応じた保存期間の基準を設け、全体として延長を図る必要がある。そして、歴史公文書に該当するのか、廃棄が適切であるのか、には第三者の審査を必要としよう。

第二に、現用文書の保存期間が過ぎたとき、そのすべてが歴史公文書さらに特定歴史公文書とならないとの公文書管理法の規定からは、再び「現用文書」とは何を指すのかが問題となる。さきに引用したように、情報公開法ならびに公文書管理法は「決裁・供覧済み」文書のみではなく「組織共用文書」として公文書を定義している。しかし、ここにはなお官僚機構の秘密主義に根差す解釈が働く余地が残されている。

たとえば、「戦争法（案）」として多くの批判が浴びせられた安全保障法制の審議途中、内閣法制局は集団的自衛権の閣議決定に関する国会審査に備えて、長官の国会答弁資料を作成した。だが、内閣法制局長官は、答弁者たる長官の了承を得た段階（最終決裁）で国会答弁資料が行政文書ファイルに記載されるのであって、作成途中ないし不採用とされたものは公文書ではないとした。これには情報公開・個人情報保護審査会が「不適切」との判断を下したが、情報公開法や公文書管理法の規定がどうであれ「決裁・供覧済み文書」が公文書とされていることを垣間みせていよう。安保法制が日本の行方を左右する重要法案だっただけに情報公開法による開示請求が起きたのであって、「組織共用文書」にもかかわらず、公文書とはされずに行政文書ファイルにおさめられない公文書は、数多いと推測することができよう。あらためて、「組織共用文書」とは何を意味するのかが、厳密に定義されねばなるまい。

第三に、「組織共用文書」は紙文書のみではない。いな、時代を反映して電子文書が多数を占めている。ほぼすべての職員に電子メールアドレスが割り当てられており、行政活動は電子メールを抜きに成り立たない状況となっている。だが、この管理は省レベルでシステム化されていない。森友学園・加計学園疑惑で国会の追及をうけた文部科学省などは、当初の否定的答弁をくつがえし、省内を調査したところ「存在」を確認できたとしたが、これは職員のパソコンを点検した結果だ。

公文書管理法の目的を踏まえた「公文書の管理に関するガイドライン」（二〇一一年四月）は、総括公文書管理者（官房長）が、省全体の公文書を管理統括するとしている。そして所掌事務ごとに文書管理者が総括公文書管理者によって指定される。各省の公文書管理規則もまったく同様だ。これが制度的タテマエではなく、実際に機能していたならば、「職員のパソコンを色々調べたら出てきました」とはならないはずだ。

電子メールの発信者あるいは多数にのぼるであろう受信者が、行政文書か否かを判断して共有フォルダに移管するのは、煩雑《はんざつ》なばかりか恣意的判断が入り込む。したがって、省全体としての職員の送受信をすべて一括して管理し、共有フォルダに収める必要があろう。この場合にも、電子メールによる文書は、日々書き換えられることがありうる。書き換えられた文書の元文書が廃棄（消去）されたのでは、意思決定過程を跡付けることはできない。元文書は照合関係が分かるように区分されていなくてはなるまい。その意味で「総括文書管理者」の役割がきわめて重要となるのだが、電子媒体の公文書管理システムは、依然としてシステムとしての体系をもつものではない。逆にいえば、公文書管理法は、時代の急速な進展に応えられていないのだ。

第四に、これは公文書管理法の「積み残し課題」といってよいが、歴史公文書の取り扱いだ。公文書管理法第一四条は、内閣総理大臣は歴史公文書等を国立公文書館において保存する必要があると判断したとき、行政機関との合意により歴史公文書の移管を受けることができるとし、そのうえで国立公文書館に移管すると定めている。また、この過程で必要ならば、国立公文書館側の意見を聴くことができるとしている。国立公文書館に移管されて特定歴史公文書とされた文書の公開・閲覧にも多くの議論が残されているが、その前提として、各省が歴史公文書に分類した文書を首相自ら精査し、移管するように各省に求めているわけではない。歴史公文書を特定歴史公文書とするかどうかは、各省官僚と内閣官房の官僚間協議によるしかない。まして、国立公文書館側に移管の請求権が法定されているわけでもない。特定歴史公文書として未来に残していこうという認識の度合いが問われる。

そしてより重大であるのは、特定歴史公文書に指定されなかった歴史公文書の取り扱いだ。公文書管理法はこの意味の歴史公文書の管理・保管・開示について詳細を定めていない。さきにみたように、保存期間の満了した公文書のうち歴史公文書等に該当するものは、できるだけ早い時期に国立公文書館への移管の措置をとるとしているにすぎない。だが、歴史公文書のすべてが特定歴史公文書として国立公文書館に移管されるわけではない。

廃棄も移管もされなかった歴史公文書は、「エイズ・ファイル」と同様に各省の倉庫に所蔵され、適当な時期に廃棄されるのか。しかし、官僚制の行動から考えるならば、廃棄された文書もさることながら、将来の何らかの事態に備えて歴史公文書に指定し「お蔵」に入れておく文書にこそ、行政の「真実」が語られていることがあるだろう。公文書管理法は、国立公文書館において保存する文書を選定するために、廃棄にくわえて歴史公文書、特定歴史公文書なるカテゴリーを設けているが、残余の歴史公文書の扱いは、公文書管理法が積み残している課題だといえよう。

さて、このようにみてくるとき、公文書管理法は掲げられた「崇高」な目標の実現に向けて多くの修正を必要としていよう。それは条文ならびに運用の全般におよぶといえよう。

ところが、安倍晋三政権は、公文書管理法の施行から二年後の二〇一三年一二月に特定秘密保護法を制定した。これは第二次以降の安倍政権がひた走る新国家主義路線の「突破口」ともいえるものだが、緒についたばかりの公文書管理に重大かつ否定的な影響をもたらすものといってよい。

4 情報公開法・公文書管理法の精神と真逆な特定秘密保護法

†たんなる「防衛機密」の保護ではない

二〇一三年一二月六日に国会で成立し、翌一四年一二月一〇日に施行された特定秘密保護法（「特定秘密の保護に関する法律」）案を第二次安倍政権が閣議決定したのは、二〇一三年一〇月二五日だった。法案の準備段階から賛否両論が激しく展開されたのはいうまでもない。「安全保障や防衛機密のスパイ防止法はどこの国にも存在する」「日本はスパイ天国」といった論調を拠り所として法律の制定を必要とするとの主張が、政権支持派を中心として展開された。一方で、この法案に疑問ないし批判的考えをもつジャーナリズムや市民の間からは、言論の自由や学問の自由の侵害、行政機関の政権への一層の従属、「知る権利」の否定などが指摘された。こうした論調は特定秘密保護法の施行後においても変わることはない。

大論争のなかで若干の修正をくわえて閣議決定され国会に上程された法案は、右のようにきわめて短期間で可決成立した。というよりは、安倍政権そして自民党・公明党の政権与党は、法案成立を強行した。まさに安倍政権は伝統的な「保守政権」の域を超えた「右翼政権」の様相を濃くしたのだ。

特定秘密保護法は、安全保障に関する情報のうち特に秘匿することが必要であるものについて、適確に保護する体制を確立したうえで、当該情報の保護に関し特定秘密の指定・取扱者の制限など必要な事項を定めるとした。

特定秘密の指定権限をもつのは行政機関の長であり、内閣からの独立が憲法によって保障されている会計検査院も含まれる。特定秘密とされるのは、①防衛に関する事項、②外交に関する事項、③特定有害活動の防止に関する事項、④テロリズムの防止に関する事項の四つのカテゴリーにもとづき、それぞれサブカテゴリーが設けられている。だが、いずれも具体的な記述ではなく官僚機構の裁量が大きく機能するものである。

たとえば、特定秘密保護法別表「防衛に関する事項」の中身は次のとおりだ。

イ．自衛隊の運用又はこれに関する見積り若しくは計画若しくは研究
ロ．防衛に関し収集した電波情報、画像情報その他の重要な情報
ハ．ロに掲げる情報の収集整理又はその能力
ニ．防衛力の整備に関する見積り若しくは計画又は研究
ホ．武器、弾薬、航空機その他の防衛の用に供する物の種類又は数量
ヘ．防衛の用に供する通信網の構成又は通信の方法
ト．防衛の用に供する暗号
チ．武器、弾薬、航空機その他の防衛の用に供する物又はこれらの物の研究開発段階のものの仕様、性能又は使用方法
リ．武器、弾薬、航空機その他の防衛の用に供する物又はこれらの物の研究開発段階のものの製作、検査、修理又は試験の方法
ヌ．防衛の用に供する施設の設計、性能又は内部の用途

もう一つ別表の「外交に関する事項」をみておこう。

イ．外国の政府又は国際機関との交渉又は協力の方針又は内容のうち、国民の生命及び身体の保護、領域の保全その他の安全保障に関する重要なもの

ロ．安全保障のために我が国が実施する貨物の輸出若しくは輸入の禁止その他の措置又はその方針

ハ．安全保障に関し収集した国民の生命及び身体の保護、領域の保全若しくは国際社会の平和と安全に関する重要な情報又は条約その他の国際約束に基づき保護することが必要な情報

ニ．ハに掲げる情報の収集整理又はその能力

ホ．外務省本省と在外公館との間の通信その他の外交の用に供する暗号

このような抽象的な規定がいかなる事態をもたらす可能性があるかは、のちに述べる。これらに「適合」するとして行政機関の長が「特定秘密」に指定したものの有効期間（保存期間）は五年だが、これは原則であって最長三〇年を超えることができないとされている。しかし、これにも例外規定が定められており「内閣の承認」が得られた場合は、最長六〇年までの延長が可能とされている。さらに人的な情報源にかかわる情報などの七項目については、それ以上の長期指定が可能である。

およそ、閣議が各省官僚機構によって指定された「特定秘密」を実質審議し、有効期間

の延長を図るなどということはありえない。内閣は「合議制の機関」とされているものの、閣僚が主任の大臣である省の所掌事務を超えて、他省の所掌事務に介在することはない。かれらは閣議に付される決定案件にただただ「花押《かおう》」を記すだけだ。それだけに、次々と有効期間が延長され三〇年、いな六〇年にもわたって、市民の眼に触れさせない事態が生じる可能性が大きいといえる。

ところで、特定秘密とされるものについての抽象的な、言い換えれば官僚機構の裁量のままに指定され、特定秘密が広がることにくわえて、特定秘密保護法は、法施行後五年間にわたって特定秘密の指定のなかった行政機関は指定権限を失うとした。これは当初の法案がすべての行政機関の長を指定権限者としていたものを修正した結果だ。だが、これは指定件数の縮小にむけた「修正」とはいえない。官僚制の習性からして一旦付与された権限を自ら手放すことはありえない。むしろ事態は逆に動くのであって、抽象的な特定秘密規定にもとづき「特定秘密」に指定していくだろう。情報公開法も公文書管理法も「骨抜き」にされることになる。

日本の安全保障にとって「スパイ防止法」を必要とするか否かが、特定秘密法制定前からの大きな論点であった。だが、このようにみてくるとき、秘密保護法はたんなる「スパイ防止」の法制にとどまらない。執政部（官邸）権力の限りない強化を追求するところに「本質」がある。このことを別の側面からみていこう。

†取扱職員の適性評価

職員の誰でもが特定秘密をあつかえるわけではなく、行政機関の長は取り扱いが想定される職員に適性評価をおこなうとともに、特定秘密の提供を受ける「適合事業者」の従業員にも実施する。

特定秘密保護法は七項目の適性評価事項を定めているが、項目の一は後回しにし、二からみると、犯罪や懲戒の経歴、情報取扱いの違反歴、薬物の濫用と影響、精神疾患、飲酒の節度、信用状態など経済状況である。「適合事業者」の従業員はもとより行政機関の職員も独立の人格であって個人情報（プライバシー）に密着する評価情報が行政機関の長に集約されることは、看過されるべきことではないだろう。さらに、第一項目はこれらの六項目にも倍して内容の適正さを問わねばならない代物だ。

すなわち、核兵器、軍用の化学・細菌製剤、これらの散布装置、あるいはロケットなどの運搬手段の輸出・輸入を他国の利益のためにおこなう活動、テロリズムなどの活動への従事などを評価するものだ。しかも、この場合、評価対象者のみではなく、その家族（事実上の婚姻関係にある配偶者をふくむ）、父母、子および兄弟・姉妹、それらの配偶者の父母とその子、家族を除く同居人が対象とされる。また、これらの者の生年月日、国籍（過去に有していた国籍を含む）、住所である。

特定秘密の業務に従事する職員の適性評価は、この第一項目から始まる。これに従事する職員は各行政機関のキャリア組官僚である。まったくないとは言い切れないにしても、兵器等についてのスパイ活動やテロリズムとのかかわりなどは、あえて調べるまでもなかろう。適性評価の狙いは、後半の評価対象者の親族や姻族の出自や思想傾向を調べあげることにあるといえよう。適性評価の対象者となりうる者には、事前に応諾の意思を確認するとしているが、拒否する官僚はまずいないであろう。厳格な特定秘密の取り扱いが目的とされるものの、政治権力中枢への「忠誠」「従属」を強いるものといわねばならない。

民間の「適合事業者」の従業員数がどの程度となるか、定かではない。だが、およそ「丸裸」にされるのと同然の適性評価であり、個人情報の保護はまったく無視されている。しかも、広い範囲で「国籍」を調べることは、政権が「敵視」ないし「好ましくない」と考える国・民族の排除が、意図されているといわざるをえないであろう。

†際限のない特定秘密の広がり

いかに「特定秘密」の管理といえども、取扱職員を厳格に選別し、その判断で特定秘密を指定することはあってはならない。特定秘密の指定・管理には一定の法的・行政的歯止めを必要としよう。特定秘密保護法と関連法にこの種の規定がまったく存在しないわけではない。ただし、その実効性が担保されていないことこそ、問題といわねばならない。

二〇一四年六月二〇日、国会は国会法を改正し「情報監視審査会」を設置した。これは衆参両院のそれぞれ八名の委員からなる。タテマエとしては特定秘密の指定・管理が適正か否かを審査するものだが、審査会がみることができるのは特定秘密の管理簿（リスト）のみであって、指定された特定秘密そのものをみることはできない。情報監視の役割はないのに等しい。仮に情報監視審査会がリストから「不適当」と考え公開を「勧告」しても、政府が「我が国の安全保障に著しい支障を及ぼすおそれ」があると判断すれば、審査会の「勧告」を拒否できる。およそ、特定秘密の拡大に歯止めを掛けるものではない。

このことは、「国権の最高機関」たる国会の権能を著しく衰退させるものである。さきに特定秘密のカテゴリーをみたが、そのなかの「防衛に関する事項」の多くは、国会の議決する予算に密接に関連する。「防衛力の整備に関する見積り若しくは計画又は研究」はその典型だが、集団的自衛権の行使を可能とする安全保障法制を制定した安倍政権は、つぎつぎと高性能の武器の導入を図っている。政権がそれら武器の単価すら明らかにしないことには自民党内にも強い批判が起きている。

こうした状況下で高性能の武器の購入や研究開発費が「特定秘密」に指定されていくならば、予算を議決するという国会の権能、もっといえば予算の統制を根幹とする民主政治をないがしろにするものといってよい。

国会すらこうした状況におかれているが、政権は特定秘密保護法の施行にあわせて内閣府に「独立公文書管理監」を設け、二〇一八年にはそのもとに「公文書監察室」を設けた。これについてはすでに一部触れたが、法の運用が適切になされているかどうかを「監察」するのが目的とされている。一九の行政機関が特定の選別された職員によって自由に指定できる「特定秘密」である。法の運用が適切であるかどうかを、いったい、どうやって二〇名程度の職員で「監察」するのか。しかも、「独立」なる冠はつけられているが、これは首相が「主任の大臣」である内閣府のセクションだ。法の適切な運用として「遅滞なく特定秘密を指定せよ」と「監察」することはあっても、「特定秘密に該当しない」と、法の適切な運用を「監察」することなど、ありえないといえよう。

†公文書管理規則における秘密文書等の管理

情報公開法や公文書管理法の基本的目的に背反する特定秘密保護法だが、この法律に同調するかのように、各省の公文書管理規則には、「秘密文書等の管理」なる章が設けられている。各省の公文書管理規則の条文は、ほぼ同一であり、特定秘密保護法による特定秘密を除いた文書を、「極秘文書」「秘文書」に分類し、指定するとしている。

ここで「極秘文書」とは、「秘密保全の必要が高く、その漏えいが国の安全、利益に損害を与えるおそれのある情報を含む行政文書」であり、「秘文書」とは「極秘文書に次ぐ程度の秘密であって、関係者以外には知らせてはならない情報を含む行政文書」（農林水産省行政文書管理規則）とされる。この定義は若干の字句に違いがあるものの全省ともに同一だ。ようするに、「秘密」を要する公文書は、特定秘密文書―極秘文書―秘文書という三層構造をとっていることになる。

「極秘文書」「秘文書」の指定者は、農水省行政文書管理規則のように、「総括文書管理者又は官房長、本省の局長、政策統括官、農林水産技術会議事務局長、林野庁長官、水産庁長官若しくはこれらに準ずる者」と、職名をあげている省もあれば、総務省のように「極秘文書については部局長が、秘文書については文書管理者」としている省もある。この規定での「文書管理者」とは、通常、課長を指している。指定者の規定方式に違いがあるにせよ、官僚の裁量判断で「極秘文書」「秘文書」を指定し、原則として五年を超えない期間で指定できる。

もちろん、五年の期間内でも指定の意味を失った場合は指定を解除し、逆に五年を超えて指定が必要と判断したときは指定期間を延長できる。各省の公文書管理規則は、「極秘文書」「秘文書」ともに必要最小限にとどめるとの規定をおいてはいるが、この規定だけでは何らの抑制機能も持つものではない。

これらの文書は、「行政文書ファイル」とは別の「簿冊《ぼさつ》」で管理され、当然、それも秘密である。特定文書への市民の眼・アクセスが、官僚組織の判断で遮断される。しかも、たとえ形式であるにせよ、さきに述べた公文書管理監の監察がおよぶこともないであろう。

公文書管理法は、特定秘密の保護について何らの規定もおいていない。だからこそ、安倍政権による特定秘密保護法の制定が強行されたのだが、各省に義務づけられた公文書管理規則が特定秘密保護法に倣って「極秘文書」「秘文書」の指定を定めている。こうなると、情報公開法さらに公文書管理法の意義は、骨抜き状態とならざるをえないであろう。

学問・研究、報道の自由の危機は民主政治の危機

特定秘密保護法は特定秘密を洩《も》らした公務員、警察官、民間事業者にたいして最高で懲役一〇年および一〇〇〇万円以下の罰金を科すとした。また漏洩をそそのかしたとみなされる新聞記者、ジャーナリスト、市民団体関係者などには最高五年の懲役を科すとしている。これまでみてきた特定秘密保護法の特徴にくわえてこうした重罰規程は、学問や報道を委縮ないし衰退させてしまう危険性をはらんでいる。

歴史学者たちは、秘密の指摘期間が三〇年さらには六〇年という長期におよび、かつ保存方法によっては歴史資料としての意味をもたなくなることを危惧《きぐ》する。くわえて何らかの機会に特定秘密を入手し、それを公表したならば重罰に処せられるならば、そもそも現代史の研究に取り組む意欲が削がれてしまうとする（安藤正人・久保亨・吉田裕編『歴史学が問う　公文書の管理と情報公開——特定秘密保護法下の課題』大月書店）。何が「特定秘密」であるのかが市民に明らかにされないのだから、もっともな指摘だ。

こうした指摘は、いうまでもなく歴史学研究にのみ該当するのではなく、科学・技術分

野の諸研究、政治学や財政学など多くの学問分野にあてはまる。「特定秘密」が指定にたいする統制手段を欠いたまま広がるならば、尚更である。

言論やメディアの世界には、このところ急速に「フェイクニュース」が広がりをみているばかりか、「オルタナティブ・ファクト」で対話を拒否する動きが進行している。だからこそ、「ファクト」を徹底して追求するメディアが必要とされているのだが、つぎつぎと「特定秘密文書」さらに「極秘文書」「秘文書」が広がり、それへの接近にたいして重罪の影が忍び寄るならば、メディアは委縮し政権に都合のよいニュースに席巻される。

情報公開法そして公文書管理法は、現行規定に不備があるにしても、民主主義政治体制の充実に向けて法制化したものだ。だが、情報公開や公文書管理は学問や言論の自由が保障され活発な活動が社会的に展開されてはじめて、法制度も生きてくる。そして、官僚と官僚機構も、自らの責任を自覚するようになる。

特定秘密保護法は、民主政治とそれを体現する情報公開法と公文書管理法の精神に著しく反するものであり、学問や言論の自由を「封殺」する危険性を秘めている。こうした土壌を培いつつ、官邸権力が一段と強化されていくならば、この国の政治と行政はどこに向かうのか。章を改めて政権主導の意思決定システムについて考察することにしよう。

第三章

政権主導の意思決定システムと官僚制

1 安倍政権の「官から政」とは

†民主党政権の「失敗」と安倍晋三政権の再登場

安倍晋三なる政治家が再び自由民主党の総裁そして首相の座に就くことがあるのだろうか。二〇〇七年九月の政権投げ出しのような第一次安倍政権の結末をみた者は、おそらくだれも、かれが再び政権の座に就くとは考えなかったであろう。それは、かれの健康問題ゆえではない。一国の「宰相」としての政治的資質に疑問が投げかけられていたからだ。

第一次政権は現在でもその色彩は払拭されていないが、「お友だち内閣」と揶揄《やゆ》されたばかりか、「お友だち」閣僚は、つぎつぎと金銭スキャンダルを引き起こし、自死する者さえ現れた。言い換えれば、内閣の首班として閣僚を任命する際に冷徹な眼をもちあわせていなかったのだ。それは政治家、それも一国の政治リーダーの資質に最も重視されるべきことだが、父方から数えて「三世」であり、母方の祖父が岸信介という政治家ファミリー育ちゆえであろうとみなされた。

それだけではない。安倍晋三が「再び政権の座に就くことはないだろう」は、「就いてもらいたくない」との国民感情と混然一体となっていたといえよう。「美しい国」「日本を、取り戻す」といった言辞にみるように、政治的リアリティを欠いた言動が目立ち、それゆえにまた教育基本法の修正に端的にみられる復古主義の台頭に、社会的危機感が存在していたからでもある。

第一次安倍政権の退場後、福田康夫、麻生太郎の短命政権が続いた。福田政権についていえば、前章でみた公文書管理法の制定に取り組んだことが評価されているが、麻生政権は、内閣の統治能力が根底から疑われる始末だった。それゆえに二〇〇九年には、本格的な政権交代として民主党政権の誕生をみた。民主党政権誕生時の国民の期待はきわめて大きかった。「官から政へ」といった民主党政権のスローガンは、政治・経済の閉塞状況を打ち破るであろうと期待された。「不要」な官の事業にピリオドを打つとした「事業仕分け」は、内実はともかく喝采を浴びた。

しかし、二〇一一年三月一一日に発災した未曾有の東日本大震災に見舞われたとはいえ、民主党政権は政権運営の「未熟さ」をあらわにした。「官僚内閣制」といった認識の裏返しともいえるが、民主党政権は官僚機構を統御するよりはむしろ、政策・事業全般にわたって「政治（政権）主導」を試みた。各省においても政務三役（大臣、副大臣、大臣政務官）への意思決定の集中を目指した。この大規模社会で官僚機構を一種の「敵」とみなす政治・行政ができうるはずもないのだが、政権と官僚機構の関係にかんする制度設計は疎《おろそ》かにされたといってよい。

　政権の発足から日がたつにしたがって、掲げた政策の実現は混迷の度を濃くしていった。アメリカ軍の沖縄県・普天間《ふてんま》基地の移転、「官から政」のシンボル事業ともされた群馬県八ッ場《やんば》ダムの工事中止は、いずれも腰砕けに終わった。普天間基地の「最低限でも国内移転」は実現できず、名護《なご》市辺野古《へのこ》での新基地建設を許すことになった。八ッ場ダムの建設中止は流域都県の反対に当面し撤回することになる。そしてなによりも三・一一原発シビアアクシデントへの対応は混迷の度をました。菅直人首相は自ら東京電力本社に乗り込み福島原発からの「撤退は許さない」と言明したものの、官僚機構を指揮した危機対応を果たしえなかった。使用済み核燃料が剝き出しとなった四号機からのより一層の放射性物質の拡散をくい止めたのは、まったくの「偶然」「不幸中の幸い」にほかならない。

こうなると、もともと「寄り合い所帯」である民主党は、内部抗争を強めていく。結局、二〇一二年一二月の衆議院議員総選挙において民主党は敗北し、自民党・公明党連合は、政権を奪還した。

†国家主義と新自由主義を基軸とする「官から政へ」

この政権奪還に先立つ一〇月の自民党総裁選挙において安倍晋三は総裁の座を再び射止めていたから、第二次安倍政権の誕生となった。約三年にわたる野党・自民党は、「オポジッション」としての存在を印象づけるために、国家主義指向を強めた。それはなによりも自民党憲法草案の公表に象徴されよう。安倍政権は民主党政権時の経済社会の「閉塞」状況から台頭した右傾化指向に支えられるとともに、それを助長していった。東アジアにおける日本の「優位」性を確立すべきとする社会の底流に呼応するものでもあった。安倍晋三なる政治家にどれほど確固たる国家主義信条があるのか、いまだに定かではない。だが、政治家としての苦節を経験することなく「観念」的に右翼的言動を繰り返してきた安倍晋三を再登場させた「客観的」条件となりえたといってよいだろう。

ところで、こうした日本社会の「右傾化」のなかで野党・自民党が学んだのは、「官から政へ」なる政治的スローガンへの大衆の支持だったといえよう。すでにそれは「自民党をぶっ壊す」として二〇〇一年に華々しく登場した小泉純一郎政権に先駆けをみるのだが、小泉政権は二〇〇一年の行政改革で生まれた内閣府・経済諮問会議を駆使した経済・財政政策を展開するものの、伝統的な自民党政治から脱却するものではなかった。内閣提出法案についての与党事前審査制を廃止すると宣言したが、信書便法案の一件を除けば、「有名無実」に終わった。だからこそ、民主党政権の登場を招いたのだ。

しかし、安倍政権の「官から政」は、まさに国家主義と新自由主義を両輪とした執政部（首相官邸）の統治を果たそうというものであって、民主党政権に少なくともみられたリベラルな政治指向は微塵も存在しない。ただし、官僚機構に依存した旧来型自民党政治とは異なって、官邸＝政権による強い統治を社会に印象づけることによって、大衆の支持を動員することが可能となる。

2　政権主導の装置としての内閣官房強化と有識者会議

†国家安全保障会議と国家安全保障局の設置

　第二次政権以降、安倍官邸が追求している「官邸主導」は、いうまでもなくそれを担保する装置を必要とする。それを大別するならば、第一は二〇〇一年の行政改革で機能強化された内閣官房ならびに新設された内閣府である。第二は、第一と密接な関係をもつが「有識者」会議の濫設である。第三は、公務員制度改革による内閣人事局の設置と官僚制幹部人事の一元化である。もちろん、内閣人事局は内閣官房に設置されたものであり、第一の範疇にふくまれるが、公務員制度という基幹的行政制度の「改革」であるから、これについては項をあらためて述べることにする。

　さて、第一の内閣官房からみよう。小泉政権時に注目を集めたのは、内閣府の経済財政諮問会議だった。これには首相をはじめとした関係閣僚にくわえて竹中平蔵《へいぞう》・慶應義塾大学教授（のちに参議院議員・閣僚）らの民間人議員がくわわった。民主党政権は経済財政諮問会議を廃止こそしなかったがまったく利用せず、国家戦略会議の設置をうたったがそれも実現できなかった。政権を奪還した安倍政権は、経済財政諮問会議を再開したものの、小泉政権のような活用を図っていない。民間人議員にも善かれ悪しかれ竹中平蔵のような派手な立ち振る舞いをする人物を任用していない。内閣府の組織についてはのちに述べるが、安倍政権は政権主導の装置として内閣官房を重視しているといえよう。

第二次安倍政権による内閣官房の「改革」として重要なのは、二〇一四年一月の国家安全保障会議と国家安全保障局の設置であるといってよい。第一次安倍政権も国家安全保障に関する官邸機能強化会議を設けて国家安全保障会議の設置を検討し、二〇〇七年には設置法案を国会に提出した。だが、安倍の首相辞任そして福田康夫政権の不要論によって、この改革は挫折した。

中曾根政権時代の一九八六年に内閣のもとに安全保障会議と安全保障室が設置されているが、自衛隊の海外展開を目論む第二次安倍政権は、たんに軍事機能の高度化のみならず外交政策の首相への一元化を目的として、アメリカ大統領府のＮＳＣ（National Security

Council）に倣った国家安全保障会議を設け、その事務局として内閣官房に国家安全保障局を設けた。国家安全保障会議の正規メンバーは首相、官房長官、外務大臣、防衛大臣をはじめとする九人の大臣（副総理、総務、財務、経済産業、国土交通、国家公安委員長）だが、より機動的に安全保障政策を審議するとして首相、官房長官、外務、防衛大臣による定例会議が開催され、何らかの緊急事態が生じたときには、首相、官房長官にくわえて首相の指名する大臣による緊急会議が開催されることになっている。

そして、この事務局を担うとして内閣官房に国家安全保障局が設けられた。局長には、元外務官僚の谷内《やち》正太郎が就任した。かれは小泉政権時代に内閣官房副長官補（二〇〇二年）、外務事務次官（二〇〇五年）を務め、第二次安倍政権の成立とともに内閣官房参与となり、国家安全保障局の初代局長に就任した。国家安全保障局は、外務・防衛官僚の二人の局次長（内閣官房副長官補を兼務）からなる六七名でスタートした。

国家安全保障局は、総括・調整班、情報班、戦略企画班にくわえて地域を担当する三班の六班から構成されており、外務、防衛、警察庁官僚が班長（参事官・課長級）に就いている。国家安全保障会議とりわけその定例会議は、政権中枢の核心部分だが、国家安全保障局は、首相（官邸）の官僚制の構築といってよい。

もともと「安全保障」なる概念は、きわめて包括的であり、軍事的安全保障に限定されるわけではない。だからこそ、国家安全保障局にはアメリカ・ヨーロッパ、アジア・オセアニア、中近東・アフリカといった地域担当とそれを総括する情報・企画セクションが作られているのだ。実際、国家安全保障局は首相直属機関であるだけに外務省を凌ぐ権力をもち機能を発揮しているとされる。局長の谷内正太郎は日米、日中さらに日ロの交渉に際して首相の「黒子」のごとく活動している。従来の各省分立体制の克服と首相（官邸）への権力・権限集中が「政権主導」の本質であるとすれば、国家安全保障局はそのためのまさに「第一級」の政治装置であるといってよい。

†安全保障法制と安保法制懇談会

第二の「有識者会議」に移ろう。これは政権の国家主義への対応と成長戦略とされる「三本の矢」「新三本の矢」にもとづく新自由主義政策の具体化にむけて数多く作られてきた。それらは世論の動員装置にとどまらずに各省官僚機構を統制しようとするものだ。

政権の指向する国家主義にもとづくものとしては、「安全保障の法的基盤の再構築に関する懇談会」（安保法制懇談会）をまずあげることができよう。これもまた、首相の私的諮問機関として第一次安倍政権のもとの二〇〇七年四月に設置された。だが、安倍首相の退任によって「休会」となり、二〇一二年一二月の第二次政権の発足後の翌一三年二月に一部委員を入れ替えて再開された。

安保法制懇談会（座長・柳井《やない》俊二）は、二〇一四年五月一五日に憲法第九条の規定は「個別自衛権はもとより、集団自衛権の行使や集団安全保障への参加を禁ずるものではない」との報告書を首相に提出した。ここから安保法制に関する法律制定をめぐる大議論と街頭での大規模な市民のデモが展開されることになる。集団的自衛権の行使は憲法第九条違反ではないというのが、安倍晋三をふくむ自民党右派の言動だが、安保法制懇談会の報告はいかにも「結論ありき」だったといえよう。実際、座長の柳井俊二や北岡伸一をはじめとした有識者委員は、ことごとく集団的自衛権の行使容認論者だった。政権にとって大きな障壁だったのは、身内といえる内閣法制局だった。

内閣法制局は内閣に直属する機関であり、主任の大臣は首相だ。憲法第九条をめぐる議論はこれまでも国会で展開されたが、法制局は一貫して個別自衛権は認めつつも、集団的自衛権の行使は憲法解釈からは導くことはできないとしてきた。集団的自衛権の行使によって自衛隊の海外展開を追求する安倍政権にとって法制局の憲法解釈を変えさせねばならない。政権は政治的任命が可能な特別職とはいえ、歴代内閣が行使したことのない（その必要もなかったともいえるが）法制局長官を更迭し、集団的自衛権行使の容認論者である小松一郎・駐フランス大使を長官に任命した。

小松一郎は外務官僚であり国際条約局長を経験しているが、精緻な法令審査を旨とする法制局の勤務経験をもたない。牧原出《いずる》は『「安倍一強」の謎』（朝日新書）において、検事から内閣法制局参事官に転じた次長の横畠《よこばたけ》裕介の存在こそが大きいとする。小松は長官在任中に病気のため辞任し横畠が長官に就任した。安全保障法制の審議自体はまさに混迷の度をきわめ、結局は政権政党や一部野党による強行採決によって成立をみる。

その過程を論じることはここでの課題ではない。むしろ、注目しておきたいのは、あらかじめシナリオの作られている集団的自衛権の行使について、それをオーソライズするかのような「有識者会議」を設置し、一部のマスコミを動員し対外的脅威を煽る状況が作り出されるならば、「頑迷」な官僚集団も従来の憲法解釈を修正することだ。のちに述べる内閣人事局の設置は、安保法制の制定と時期を同じくして進行したが、内閣法制局長官の更迭は、政権にイデオロギーを同調させることが、官僚としての地位を守るための「処世術」との認識を、官僚制幹部にいだかせることに通じたといってよいだろう。

荒療治によって内閣法制局を「服従」させたことは、さきに述べた国家安全保障局を軍事・外交の内閣官僚機構として一段と強化するものだったのだ。それだけでなく、内閣提出法案についての法制局の審査についても、政権の意向を反映させることが可能となる。短命に終わった民主党政権は、内閣法制局が「官僚内閣制」の牙城としてその廃止を企図したが、法制局を政権主導に従属させようとする点では、共通していよう。

†「働き方改革実現会議」と働き方改革一括法

安倍政権は右のような安保法制懇談会ばかりか内政面においても、つぎつぎと有識者会議を立ち上げた。なかでも「働き方改革実現会議」とこの報告にもとづく働き方改革一括法の制定は、「安倍一強」といわれる状況下での官僚機構の同調の典型といってもよいのではないか。「働き方改革実現会議」の民間委員は、表3のように、経営者団体の代表、労働組合ナショナルセンターである連合会長、銀行系シンクタンクの代表、経済学者にくわえて女優などだが、政府に批判的な労働組合ナショナルセンター代表、労働問題にかかわっている日本弁護士連合会などの弁護士団体代表、さらに消費者団体代表などは、「排除」されている。

表3　働き方改革実現会議の有識者委員

生稲晃子	女優
岩村正彦	東京大学大学院法学政治学研究科教授
大村功作	全国中小企業団体中央会会長
岡崎瑞穂	オーザック専務取締役
金丸恭文	フューチャー代表取締役社長
神津里季生	連合会長
榊原定征	経団連会長
白河桃子	相模女子大学客員教授
新屋和代	株式会社りそなホールディングス人材サービス部長
高橋進	日本総合研究所理事長
武田洋子	三菱総研チーフエコノミスト
田中弘樹	イトーヨーカ堂
樋口美雄	慶應義塾大学教授
水町勇一郎	東京大学教授
三村明夫	日本商工会議所会頭

（肩書は当時）

働き方改革実現会議は、二〇一七年三月二八日に「働き方改革実行計画」（以下、「実行計画」）をまとめ公表した。「働き方改革」の基本的考え方として「日本経済の再生を実現するためには、投資やイノベーションの促進を通じた付加価値生産性の向上と、労働参加率の向上を図ることが必要」としているだけに、実行計画の対象は、「同一労働同一賃金など非正規雇用の処遇改善」「賃金引上げと労働生産性向上」から「病気の治療と仕事の両立」「誰にでもチャンスのある教育環境の整備」「高齢者の就業促進」「外国人材の受入れ」といった具合に、きわめて広範である。

安倍政権は一貫して「岩盤規制にドリルで穴を開ける」として、各種の政府規制の撤廃を主張してきたが、なかでも国際基準からみれば緩やかそのものであるにもかかわらず、労働規制を「岩盤」と捉えその徹底した緩和を主張している。実際、「働き方改革」には「働かせ方改革」なる揶揄が一部から浴びせられたが、実行計画さらにそれにもとづく働き方改革一括法（自民・公明・日本維新の会、希望の党の賛成多数によって二〇一八年五月三一日衆院通過、六月二九日参院通過、成立）は、政権のいう「岩盤規制」の撤廃を図ったものだった。

働き方改革一括法は、「この二〇年間フルタイム労働者の労働時間はほぼ横ばい。仕事と子育てや介護を無理なく両立させるためには、長時間労働の是正が必要」（実行計画）といいつつも、労働時間の長時間化を各種の「特例」を入れながら図るものだ。すなわち、週四〇時間を超えて労働可能となる時間外労働の限度を、原則として月四五時間、かつ年三六〇時間としながら、「特例として」労使が合意して労使協定を結ぶ場合において、時間外労働の上限を年七二〇時間としつつ、「一時的に事務量が増加する場合」は、単月で休日労働をふくんで一〇〇時間未満とする、としている。「特例」に「特別な事情」をくわえて、それを常態としてきたのが、この国の労働基準である。まさに「羊頭狗《ようとうく》肉《にく》」であって、「特例」そして「特別な事情」がご都合主義的に使われていくことであろう。

しかも、こうした労働時間の規制緩和にくわえて、働き方改革一括法は、「高度プロフェッショナル制度」と裁量労働の拡大を法案に盛り込んだ。前者は年収一〇七五万円以上の高度専門職を対象として、労働規制の対象から外すものだ。健康管理や医師の面接指導の実施を掲げているものの、実質的に労働時間規制は「青天井」に等しい。「高度プロフェッショナル」とは、金融商品の開発やディーリング、アナリスト、コンサルタントなどが想定されているが、法律本体に規定されていない。省令事項とされているから、融通無碍に拡大されていくであろう。後者の裁量労働制はすでに導入されているが、その対象を拡大しようとしたものだ。

ある旧労働省出身の中堅官僚は、「高度プロフェッショナル制度も、裁量労働の拡大も労働官僚の自負からいえば受け入れがたい」と苦悩を筆者に語った。そうだとしても、かれらは法案作成作業を急いだ。それどころか、裁量労働については、裁量労働制の方が一般労働より勤務時間が短いとする統計データの「捏造」をおこない、野党の批判を受けて法案から削除した。これは森友学園問題にみる財務官僚の行動と本質において変わるところはない。国会=主権者たる国民への「背信行為」だ。いったい、なぜ、こうした行為がまかり通るのか。官僚・官僚機構の「退廃」にほかならないが、それについては、またのちに論じよう。

†拙速きわまる外国人労働者の導入

さきに、働き方改革実行計画が、「外国人材の活用」を提起していることを述べた。政府は二〇一八年六月一五日に新たな在留資格を設けることを閣議決定した。そして出入国管理法を「改正」して、介護や建設など一四分野を対象とする単純労働に従事する外国人労働者を導入するために、新たな在留資格（特定技能一号、二号）を設けることを内容とする、出入国管理法の改正法案を、一八年一一月二日に臨時国会に提出し一二月八日に成立させた。だが、首相も法相も改正理由として「労働力不足」をいうばかりで、なぜ急いだ「改正」を必要とするのかを語っていない。野党のみならず与党からも疑問の声があがったが、こうしたなかで現在の「技能実習生」などの外国人労働者の就労状況についてのデータの杜撰さが明るみに出た。

法務省は二〇一四年から技能実習生に労働条件の実態について事情聴取してきた。野党の要請にもとづき法務省は聴取票を開示したが、コピーどころか秘書による写しの作業をも認めず、議員は手書きでこれを写した。これ自体、情報公開の時代に反するといえよう。ともあれ、野党は二〇一七年分の聴取票二八七〇人分の分析の結果、一九三九人が最低賃金割れだった可能性があるとした。法務省は最低賃金以下が〇・八％、二二人だったとしており、大きな違いだ。結局、法務省のいう数値は失踪動機の項目から「最低賃金以下」を選んだケースだけを取り上げたものであった（「朝日新聞」二〇一八年一二月五日朝刊）。

法務省は「技能実習生」と新たな「在留資格」とは別と主張し続けているが、労働条件の詳細を法に規定するものではない。それだけに、現行の技能修習生の労働条件が問題視されるのだ。しかし、右のような法務官僚の言動には、技能修習生の労働条件が労働基準法を満たしていることを「裏付け」ることで、政権の意向に沿った法案の成立を早期に図ろうとする意図を読み取ることができよう。

この法案の作成は官房長官と法相をトップとするタスクフォースによって担われた。二〇一九年四月一日施行という期限をあらかじめ設定した法案作成作業は、まさに「突貫工事」であり、法務省官僚機構は、基礎資料の収集・整理よりは政権の意向に従順に対応することを優先させたのだ。

しかし、この「拙速」な法案作成作業の背後には、法務省官僚機構とりわけ入国管理局官僚の組織利益の追求をみることができよう。大量の単純労働に従事する外国人労働者の管理のために、入管法の改正法案と並んで「出入国在留管理庁」の設置法案が用意された。これ自体は政権中枢からの指示とされる。経済界の要請に応えて単純労働に従事する外国人労働者は入れるが、治安面を強化しようとする、いかにも安倍政権らしい対応だ。

入管法を所管しているのは、法務省入国管理局である。入管局は矯正局と並んで検事が事務次官や主要局長・課長を占める法務省内では「傍流」部局だ。入管局の官僚は司法試験ではなく、一般行政職を採用する国家公務員試験合格者である。法務省の外局として「出入国在留管理庁」を二〇一九年四月に設けることは、入管局としてみれば、法務省の外局となることで法務省内に一定の「自律」性を築きうるし、長官・次長職をはじめとして司法試験組＝検事に対抗するポストを入手できる。

だが、政権中枢への「忠誠」と自らの組織利益の追求から欠落しているのは、新たな外国人労働者のみならず日本人労働者の条件だ。現業労働への外国人労働者を労働条件も社会保障も不明確にしたまま大量に導入するならば、日本人労働者の就業状況を「押下げる」ことが危惧される。それればかりか、「良好な求人」状況がいわれながらも、非正規労働者の割合は四〇％を超えているのだ。もちろん、法務官僚は「それはわれわれの所掌ではない、厚生労働省だ」ということだろう。問われるのは、そのような次元でない。あえて入管法という狭い次元に外国人労働者問題を押しこむことで、政権の意思を実現しようとする政治姿勢だ。タスクフォースの長は官房長官だ。多角的な視点から法案の検討を提起することも官僚の責任である。

†官邸への官僚の同調

安倍政権のもとの官僚機構は、政権の政治指向に同調するばかりか、森友・加計学園疑惑にみる「官邸官僚」や財務官僚同様に、社会的公正・公平・平等といった価値への感性が鈍化しているといってもよいのではないか。官僚機構における政策決定は、科学的根拠(エビデンス)を基礎とする。もちろん、その解釈をめぐって論争が生まれることもある。だが、あってはならないのは、エビデンスの杜撰な管理、もっといえば「偽造」だ。ある意味でこうした行為は、事案の決裁文書の改竄以上に深刻な事態である。二〇一九年一月以来、急速に政治問題となっている「毎月勤労統計」調査の「不正」も、まったく同様である。このようなことが繰り返されるならば、日本の官僚機構への信頼は、根底から失われてしまうだろう。

しかも、安倍政権が制定する法律の際立った特徴は、法の核心部分を委任立法である政令・省令にゆだねていることだ。働き方改革一括法における「高度プロフェッショナル」、入管法の「特定技能1号」「特定技能2号」の定義と具体的内容は政省令で定めるとしている。国会審議途中から「中身のスカスカな法案」との批判を呼び起こした。政権の意向のままに法案を作成する官僚機構の職業倫理が問われる。くわえて、従来、厳密な法理解釈にもとづく法令案審査をミッションとする内閣法制局が、こんな「スカスカ法案」を承認した事例があっただろうか。いずれにしても、安倍政権のいう「政権主導」は、国会の立法権を無視するものといわねばならない。

こうした問題状況を生み出している「遠因」――とりあえず、そのように記しておくが――は、安倍政権による公務員制度改革、とりわけ内閣人事局の設置と官僚制幹部の人事権掌握にあるのではないか。この問題に移ろう。

3　安倍政権による公務員制度改革――内閣人事局の設置

†政治主導と公務員制度改革の始動

戦後改革の過程で制定された国家公務員法は、労働基本権を公務員へ付与しない代償としてばかりか、制度の政党政治からの中立性を確保するために、中央人事行政機関として内閣からの独立性の高い人事院を設けた。人事院は法令用語を用いるならば「内閣の所轄の下」の機関とされ、三人の人事官による合議制の機関である。このもとに事務総長を頂点とした事務局機構を備える。そして、準立法権である人事院規則の制定ならびに労使間の紛争について裁定する準司法権限を有してきた。

国家公務員の給与をはじめとした労働条件の改善に関する内閣への人事院勧告は、ときに大きなニュースとして扱われてきたが、人事院は各種の国家公務員採用試験を実施してきた。正確にいえば、これは採用試験ではなく職業公務員の資格試験であり、採用の人事権限は各府省の長にある。また官僚の民間企業への再就職（天下り）にも一定の規制をくわえてきた。

これらは社会的に共有されてきた人事院の権限と機能だが、政治の世界において問題視されてきたのは、人事院の級別定数の管理権限だった。これは、標準職務を基準として個々の職務をその複雑さや責任の度合いに応じて級別に分類し、俸給表の等級ごとの数を組織別、会計別、職名別に定めるものである。等級別の設定や改定は、職員の昇任や勤務条件にかかわるものであり、労働基本権を制約する代償措置として人事院の権限とされてきた。

ところで、人事院権限についての不満や疑問は、自民党一党優位時代からくすぶり続けていたが、それが一挙に噴出するのは一九九六年の橋本龍太郎政権による行政改革会議の設置、それを受けた二〇〇一年一月の中央行政機構の大規模な改革以降である。これはさきにも述べたが、内閣機能の強化つまり政権主導の休制の構築を大きな柱としたが、公務員制度なかんずく人事院には手をつけないままであった。

二〇〇一年三月、森喜朗《よしろう》政権は「公務員制度改革の大枠」を作成した。同年六月には小泉純一郎政権のもとで「基本設計」が、さらに一二月に「公務員制度改革大綱」が閣議決定された。そして小泉政権は「大綱」にもとづく国家公務員法などの改正法案を閣議決定し国会に上程した。それは、①人事院の級別等級制を廃止し、大臣の人事管理権限にもとづく能力・業績型人事制度を構築する、②「天下り」についての人事院の規制を廃止し、各省大臣の承認制とする、③内閣なかんずく首相の指導性を強化する観点から、首相の担う重要政策の企画立案・総合調整を補佐する職員を「国家戦略スタッフ」として機動的かつ柔軟に任用するシステムを構築する、などを骨子としていた。結果的にいえば、この法案は成立をみずに終わった。そもそも、郵政事業の民営化に執念を燃やす小泉首相に、公務員制度改革への「熱意」が欠けていたとされる。

その後、二〇〇七年の第一次安倍政権のもとで、社会的批判の強い「天下り」規制に関する国家公務員法の改正が実現した。首相はきびしい「天下り規制」と語ったが、「天下り」に対象を限定した国家公務員法の改正は、大衆迎合主義の産物といってよい。「大綱」にもとづき人事院の「天下り」規制を廃止する一方で、官庁による斡旋も禁止した。基本的に「再就職」は大臣への届出制となった。

そうだからこそというべきか、二〇一七年の文部科学省をはじめとした「違法」な天下り事件にみるように、改正法は「抜け穴」だらけだ。しかも、「天下り規制」への大衆の支持を得ようとしたのか、官製ハローワークともいえる官民人材交流センターを内閣府に設けた。センターは民間からの人材募集情報をあつめ、定年後に民間で働こうとする官僚とマッチングさせるものだ。だが、官民人材交流センターはまったく機能していない。

官庁は歴史的にいわゆる外郭団体や業務上密接な関係をもつ企業を多数かかえている。官庁にとって、官民人材交流センターは初めから「無用の長物」なのだ。

†公務員制度改革基本法の制定、そして内閣人事局の設置

首相指導体制の構築にとって公務員制度改革は、なお課題とされた。第一次安倍政権につづく福田康夫政権は、二〇〇八年四月に公務員制度改革基本法を国会に上程し、与野党の修正協議をへて五月に成立した。これはプログラム法であって、内容を実施に移すためには国家公務員法等の改正を必要とする。成立した公務員制度改革基本法案は、内閣による国家公務員の一元的管理を中心とするものであり、政府原案にあった公務員の内閣一括採用は成立しなかったが、内閣人事庁は内閣人事局として設置されることが謳われた。このほか国家公務員試験の区分を総合職、一般職、専門職に再編成し、基本的に総合職をい

わゆるキャリア組として幹部候補生とした。だが、人事院の級別等級管理には手がくわえられなかった。このかぎりでいえば、「大山鳴動《たいざんめいどう》して鼠一匹《ねずみいっぴき》」といった状況ともいえる。

二〇〇九年八月に成立した民主党政権は「官から政へ」のスローガンのもとによりラディカルな改革構想を打ち上げた。つまり、人事院の廃止、人事公正委員会の設置、公務員庁の設置などがそれらである。しかし、この民主党政権の構想はまったく実現せずに終わる。こうして、二〇一二年一二月に政権を奪還した第二次安倍政権は、公務員制度改革基本法に謳われた内閣人事局の設置を図る国家公務員法の改正法案を国会に提出し、二〇一四年四月に成立させた。そして五月、内閣官房に内閣人事局が設置された。

初代局長には内閣官房副長官（政務）の加藤勝信が補職された。その後、首相の腹心とされる萩生田《はぎうだ》光一・官房副長官とつづき、二〇一七年八月に杉田和博・官房副長官（事務）に交代している。内閣人事局は部長級以上の六〇〇人余の各省幹部の人事権を掌握することになった。手続きとしては各省大臣の推薦―官房長官による適格性審査と幹部候補者名簿の作成―大臣による選択―首相・官房長官を含めた任免協議をへて任命されることになっている。

†「官邸人事局」のもたらすもの

以上、少し長く首相指導体制の構築がアジェンダとされた以降の公務員制度改革の流れを述べてきた。約一五年の時間をかけて議論された内閣による国家公務員の一元的管理が、内閣人事管理局の設置として収束したことには、多様な評価が存在しよう。制度論的にいうならば、公務員の内閣一括採用の「挫折」、人事院の存続と級別等級管理の存続にみられるように、きわめて限定的な改革であったという評価もできよう。他方で、内閣なる執政部が適格性を審査して行政幹部を任免することは、ようやくにして内閣統治の基盤を形成したとの評価もありうる。

しかし、制度論としての評価にくわえて、というよりはむしろ、制度の動態に注目しておかねばなるまい。この組織名称を「内閣人事局」とするのは、法理的には当然だが、政治的文脈を加味していえば「官邸人事局」であって、合議体としての執政部である内閣に統轄された人事局ではない。しかも、内閣人事局の作成する官僚の業績調書や適格性審査書、幹部候補者名簿などの妥当性が閣議で議論されるわけではない。官房長官の内閣内における権力が「絶大」とは、たんにマスコミが報道するだけでなく、キャリア組官僚の語るところだ。ようするに、内閣人事局による行政幹部の任免は、政権中枢なる「奥の院」の「秘事」なのだ。任免にいたる過程が高度に閉ざされているかぎり、議院内閣制にもとづく内閣統治の装置というよりは、官邸「独裁」の装置に近いといえよう。

こうした「官邸人事局」といってもよい内閣人事局の設置によって、かつて「官庁の自治」ともいわれたキャリア組官僚の昇任ルートは、根底から覆された。官庁の規模にもよるが、一五、六人程度から二五人程度の国家公務員試験I種試験合格の幹部候補生たちは、昇任の過程において次第に篩《ふるい》にかけられ、官房長―局長―筆頭局長―事務次官というキャリアパスを歩んできた。筆頭局長や次官の内部人事に大物OB（次官経験者）が介入することはあったが、互いに競争してきた同期生たちが、特定の人物の昇進にそれなりに「得心」「納得」してきたのも事実だ。しかも、篩にかけられ局長・次官レースから外れた者は、官庁から放逐されるわけではない。官庁外延組織にそれ相当の職の面倒見がなされた。それは「官庁コミュニティ」の一体性と強靭《きょうじん》さを維持する術《すべ》であった。

しかし、「官邸人事局」が猛威を振るうならば、自らの昇進を追求するキャリア官僚が、官邸の政治的意思に忠実たろうとする。それは個別具体的に明確な指示がないとしても、いわゆる「忖度」なる行動となってあらわれる。しかも、それは官邸中枢に「側近」として抱えられることを個人的に希求するという次元ではなく、政策・事業の立案に際して官邸の政治的意思に適合するように根拠（エビデンス）を「加工」——率直な言い方をすれば「捏造」——することにもなる。なぜならば、官僚制幹部の評価は、政権の意思の実現にむけて下僚や組織単位を管理しえているかにかかるからだ。こうして、官僚制組織の行動から合理性が失われていくことになる。これは日本の行政にとって危機的な状況といわねばなるまい。

ところで、内閣人事局が直接任免権を持つのは、六〇〇人程度の幹部官僚だが、それは一つの象徴的行為であって、官僚機構全体をみるならば、その影響はそこにとどまらない。国家公務員の総定員が抑制されるなかで、内閣府が二〇〇一年の行政改革で新設された。内閣人事局が直接対象とする官僚だけでなく、各省から内閣府への異動人事がおこなわれるようになっている。

4　政権の官僚制の増殖

これまで、安倍政権なりの「官から政へ」の具体的事例を内閣官房における国家安全保障会議の設置にともなう国家安全保障局の設置や内閣人事局の設置にみるとともに、官邸主導の働き方改革一括法、入管法の「改正」をみてきた。こうした新たな内閣官房における局の設置や政権主導の政治運営からは、いまや伝統的な各省官僚制に対抗する形で内閣の官僚制が作られていることだ。そこで、この内閣の官僚制をみるとともに、各省官僚制に及ぼす影響について考えていくことにしよう。

†担当大臣の「濫設」

内閣法および国家行政組織法は、主任の大臣制を定めている。各省は主任の大臣である国務大臣によって統轄される。二〇〇一年の行政改革まで国務大臣の数は首相を除いて一九人とされていた。これは各省大臣にくわえて総理府の外局に国務大臣を長とする庁（経済企画庁、科学技術庁、防衛庁など）が設けられていたからである。二〇〇一年の省庁の再編成によって、総務省、国土交通省、厚生労働省のように大規模な省庁の統合がおこなわれた。それに応じて、内閣法第二条第二項は、国務大臣の数を一四人、三人まで増員できるとした。その結果、首相を除いて一七人体制で二〇〇一年の行政改革にもとづく新たな省がスタートした。

ところで、このところ、とりわけ第二次安倍政権以降、「〇〇担当大臣」なる職名が増加していることに気づくであろう。しかも、一人の国務大臣が複数の担当大臣を兼務している。たとえば、第四次安倍政権の改造（二〇一八年一〇月二日）で入閣した宮越光寛《みやこしみつひろ》は、一億総活躍担当、行政改革担当、国家公務員制度担当、領土問題担当、そして内閣府特命担当大臣として沖縄及び北方対策、消費者及び食品安全、少子化対策、海洋政策など八つの担当大臣である。平井卓也も情報通信技術（IT）政策担当、内閣府特命担当大臣としてクールジャパン戦略、知的財産戦略、科学技術政策、宇宙政策担当とされている。各省の主任の大臣であって特定政策（対策）の担当が命じられていないのは、法務大臣・山下貴司《たかし》、外務大臣・河野《こうの》太郎、農林水産大臣・吉川貴盛《よしかわたかもり》、防衛大臣・岩屋毅《いわやたけし》の四人のみである。内閣官房長官である菅義偉《よしひで》も沖縄基地負担軽減担当、拉致問題担当を兼務している。

さきに述べたように、二〇〇一年の行政改革によって閣僚数は、上限一七人とされた。二〇一二年の復興庁の設置時に、同庁が設置されているあいだ（二〇二一年三月三一日まで）は、閣僚数を一五人以内、一八人を上限とされた。さらに二〇一五年に東京オリンピック・パラリンピックのための特別措置法によって一六人以内、一九人を上限とされた。結局、二〇一八年現在の閣僚数は一九人である。こうした経緯をへて閣僚数は二〇〇一年の行政改革前に戻ったことになる。

だが、担当大臣の増設は、たんに政権党内政治の安定のためではない。担当大臣は各省大臣と違って内閣法・国家行政組織法のいう「主任の大臣」ではない（新設された復興庁の主任の大臣は首相、復興大臣はかつて総理府におかれた国務大臣を長とする庁の大臣と同様）。したがって、直接、指揮命令できる官僚機構を有するものではない。各省にわたる担当政策領域の総合調整をすることが任務とされており、いわば閣僚レベルにおける首相のスタッフといってよいだろう。

けれども、かれらは職業行政官＝官僚を配下に抱えている。つまり、かれらは内閣官房・内閣府本府に設けられた政策セクションの監督者であるといってよい。言い換えるならば、首相の大臣任命権限と政治権力を背景として、内閣官房や内閣府に集めた職業行政官を統制していくために、担当大臣を「濫設《らんせつ》」しているといってよいだろう。

政権主導に応えられない従前の内閣官房

二〇〇一年の行政改革が、首相の閣議への提案権を法定化したことはのちにふれる。これが象徴的に物語るように、政権主導のアジェンダを実現するためには、首相の指導性を確保するための組織体制を必要とする。

従来、国家行政組織法にもとづいて主任の大臣が各省を分担管理することが、日本の行政の特質とされてきた。したがって、内閣運営の三原則として「首相指導の原則」「合議制の原則」「所轄の原則」が語られてきたが、内閣運営のベースは主任の大臣による「所轄の原則」であって、首相をふくめて閣僚は主任の大臣でない他省の所管事項に介入できなかった。それゆえ、「首相指導の原則」は閣僚の任免権にかぎられる。それも首相が指導性を発揮しようとして、頻繁に閣僚の交代をおこなうならば、内閣そのものの政治基盤を揺るがす。「合議制の原則」は「所轄の原則」と法制度上も論理上も矛盾しているが、閣議で全閣僚が決定文書に署名（花押）することにすぎない。

二〇〇一年の行政改革まで首相直属の機関は内閣官房であり総理府であった。大統領型首相を掲げた中曾根康弘政権は、内閣官房の機能強化を目的として内部組織の再編をおこなったが、「所轄の原則」を超えるものではなかった。各省の所管領域を超える問題を調整するために歴代政権が採用してきたのは、首相が主任の大臣である総理府に国務大臣を長とする庁を設置し、首相の指揮監督権限を基本的背景として当該庁の長官（国務大臣）に事務を委任することだった。だが、ある意味で当然だが、それぞれの庁には庁の官僚制が生成する。しかも、いずれの庁も既存省の権限拡張指向によって、各省人事のもとにおかれた。防衛庁や環境庁、国土庁の次官や局長人事に、一見、関係があるとは思えない旧・大蔵省のキャリア組官僚が、予算査定権限を背景として送り込まれたのは、それをよく物語る。総理府の外局の設置による首相の調整といっても、実質には官僚制のセクショナリズムを拡張するにすぎなかった。

橋本龍太郎政権が設置した行政改革会議の最終報告書（一九九七年一二月三日）が、内閣官房は、「内閣の補助機関であるとともに、内閣の「首長」たる内閣総理大臣の活動を直接に補佐・支援する強力な企画・調整機関として、総合調整機能を担う」としたのも頷けよう。ただし、行政改革会議そして二〇〇一年の行政改革は、「主任の大臣制」を廃止しなかった。というよりはむしろ、大規模な省庁再編成をおこなうのが手一杯であり、省の組織構造の根底にわたる議論におよばなかったのが実態といってよい。

†安倍政権による内閣官房の組織拡大

それゆえに、「政権（官邸）主導」の機能を強化する必要がある。さきの担当大臣という政治レベルにくわえて、第二次以降の安倍政権は、内閣官房の組織拡大を追求してきた。国会職員である宮﨑一徳《かずのり》は「内閣官房、内閣府の拡大と議員立法の役割」（『公共政策志林』第4号）においてきわめて丹念にこの課題を追究し「特別職の三人の内閣官房副長官補が担当室・事務局を掌理している組織は、二〇一五（平成二七）年八月には三〇存在する。一例として二〇〇二（平成一四）年一一月一八日付の組織図では、九であった。拡大ぶりが分かる。第二次安倍内閣になってからのものは、二〇一二（平成二四）年一二月二六日の、政権復帰直後に設置された「日本経済再生総合事務局」から数えて一六と、半数を超えている（それまでのものが改組等されたものも含む）」としている。

これだけでも急成長だが、二〇一八年一二月七日現在の内閣官房の組織図は、図1のとおりである。内閣官房副長官補（現行二人）が掌理する事務局、対策本部、推進室等は、

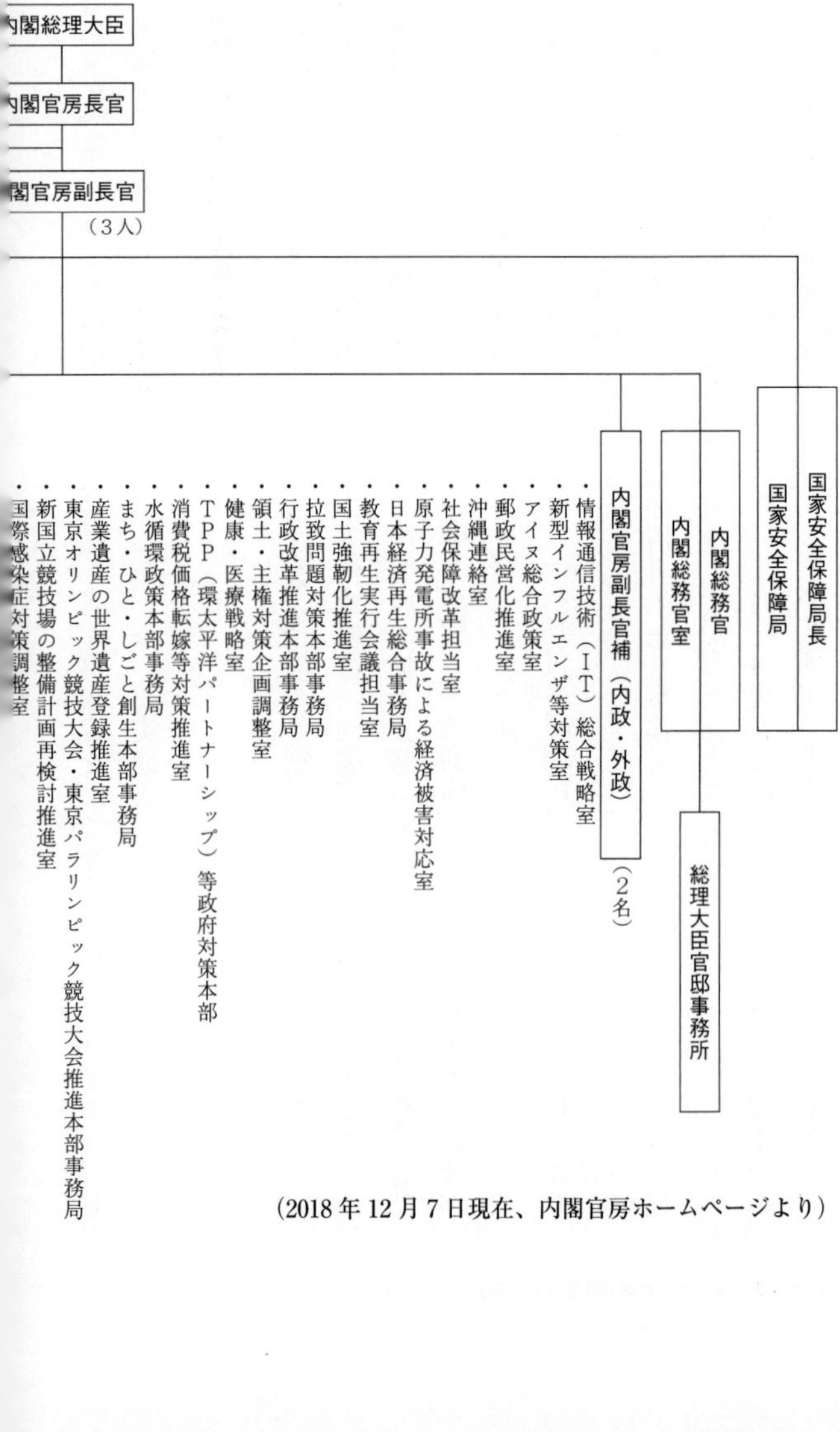

（2018年12月7日現在、内閣官房ホームページより）

図１　内閣官房の組織図

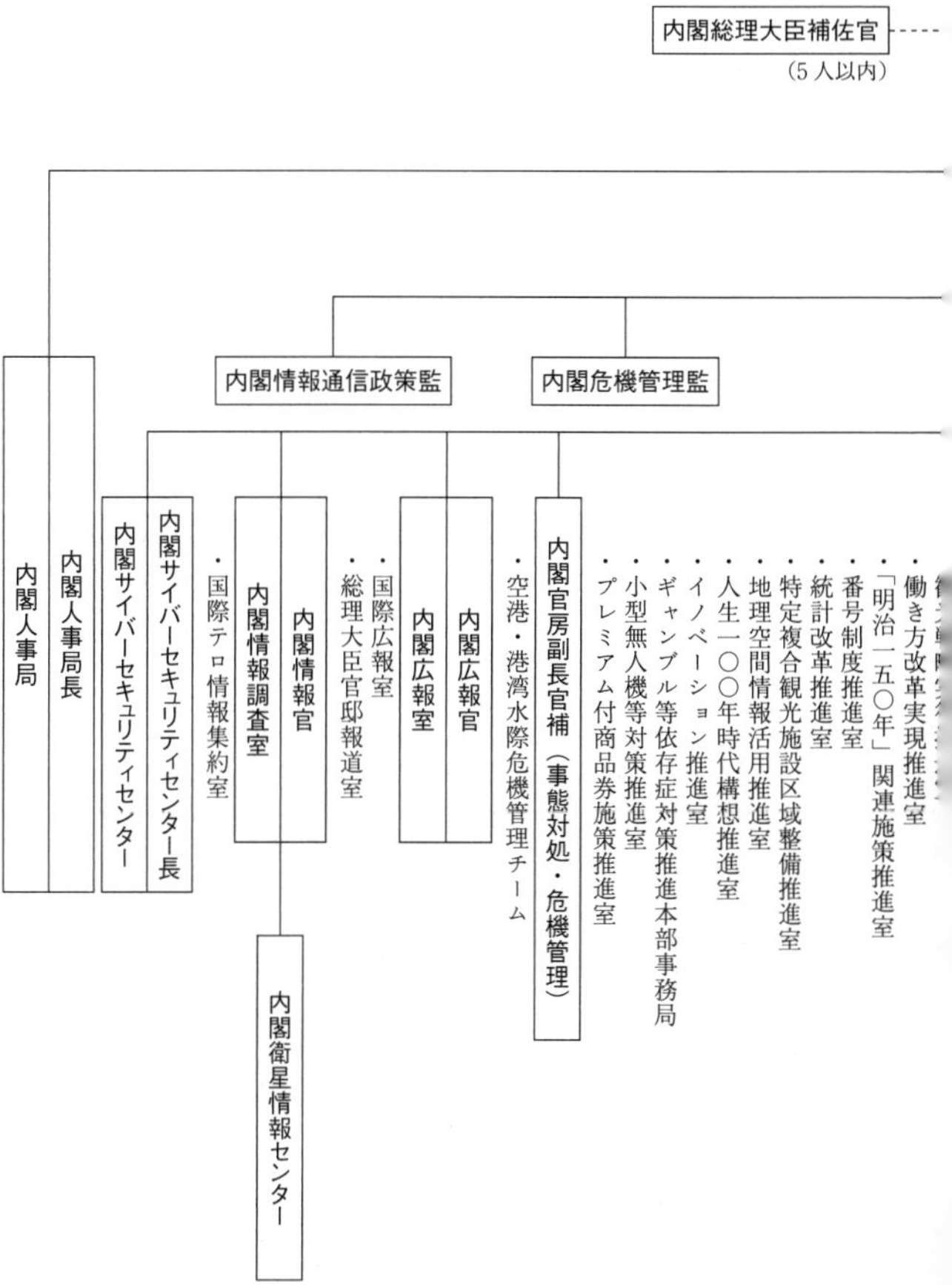

内閣総理大臣補佐官
（5人以内）
内閣情報通信政策監
内閣危機管理監
内閣人事局長
内閣人事局
内閣サイバーセキュリティセンター長
内閣サイバーセキュリティセンター
内閣情報官
内閣情報調査室
・国際テロ情報集約室
内閣衛星情報センター
内閣広報官
内閣広報室
・国際広報室
・総理大臣官邸報道室
内閣官房副長官補（事態対処・危機管理）
・空港・港湾水際危機管理チーム
・プレミアム付商品券施策推進室
・小型無人機等対策推進室
・ギャンブル等依存症対策推進本部事務局
・イノベーション推進室
・人生一〇〇年時代構想推進室
・地理空間情報活用推進室
・特定複合観光施設区域整備推進室
・統計改革推進室
・番号制度推進室
・「明治一五〇年」関連施策推進室
・働き方改革実現推進室

三六におよんでいる。

安倍政権は二〇一五年一月に「内閣官房及び内閣府の業務の見直しについて」なる閣議決定をおこなっている。これは野田佳彦《よしひこ》・民主党政権時代から論じられてきたことだが、政権が廃止などの対象としたものには、政権の政治的性格が滲み出ている。

たとえば、社会保障改革担当室、東日本大震災対応総括室、原子力規制組織等改革推進室などである。これらはいずれも民主党政権が設置したものだ。形式的には、設置の閣議決定等で定めていた、それぞれにかかる本部等の設置期限をもっての廃止とされた。

だが、社会保障改革は、その内容はともかく「全世代型社会保障」をいう政権にとって重要なはずだ。東日本大震災への対応は依然として多くの問題事項を残しており、内閣官房に全省庁の取り組みを総括するセクションがあってしかるべきであろう。

原子力規制組織等改革推進室は、東京電力福島第一原子力発電所のシビアアクシデントを受けて菅直人・民主党政権が設置したものだ。原子力規制組織は野党であった自民党案の原子力規制委員会構想を基本として民主党政権の原子力規制庁案との妥協のもとに、現行の原子力規制委員会・原子力規制庁体制が作られた。ただし、原子力規制委員会設置法は、設置から五年以内の見直しを定めた。

もちろん、安倍政権は見直しをおこなわなかった。原子力規制委員会は、原子力発電所の再稼働や設置から四〇年を超えた老朽原発の寿命延長（特例として二〇年の運転延長を一回に限り認めるもの）についての電力会社の申請を、一件たりとも拒否していない。行政委員会としての「独立性」や新たな規制基準を「世界一厳しい基準」といいつつも、原子力規制委員会は政権の政治的意思に寄添う行動を重ねてきた。政権にとって原子力規制機関の不断の改革は「不必要」ということなのであろう。

代わって、第二次安倍政権が内閣官房に最初に設置したのは日本経済再生総合事務局だが、図1にみるように、政権が設置した事務局、室などには二つの特色がみられる。一つは国土強靭化推進室、一億総活躍推進室、働き方改革実現推進室、イノベーション推進室、さらにカジノ開設を射程に入れたギャンブル等依存症対策推進本部事務局などである。もう一つは、政権の国家主義指向を受けた教育再生実行会議担当室、領土・主権対策企画調整室、そして「明治一五〇年」関連施策推進室、地理空間情報活用推進室などである。さらに、この双方に関連するものとして東京オリンピック競技大会・東京パラリンピック競技大会推進本部事務局がある。

これらはまさに、行政改革会議最終報告がいう首相を直接補佐・支援する官僚機構であるといってよい。第二次政権以降の安倍政権に「安倍一強」なる修辞語が頻繁に語られる。それは選挙制度や政治資金について党中央への権力集中ばかりが理由ではない。こうした内閣官房の組織の拡大＝首相の官僚制による政策主導によるところが大きいといってよい。しかも、さきにふれた働き方改革など一つの典型だが、有識者会議で世論を喚起しつつ、政権の官僚制が基本的骨格をまとめる。厚生労働省は、少し辛辣《しんらつ》にいうならば、政権官僚機構の「下部」にすぎなくなる。

こうした首相に直属する官房副長官補が掌理する官僚制組織にくわえて、すでにその機能と権限を論じたが、国家安全保障局、内閣人事局が存在する。第二次安倍政権の内閣官房は、歴代政権にみることのできないほどに強大な官僚制組織となっているといってよい。

†内閣府の重要政策会議

二〇〇一年の行政改革によって生まれた内閣府は、内閣の重要政策の立案を担うとともに、内閣官房を補佐・補助することを目的としている。旧・総理府本府は、到底、こうした役割を担えるものでなかった。また、さきにふれた総理府の外局としての国務大臣を長とする庁も、実質的に政権主導の補佐機関というよりは、官僚制セクショナリズムを昂進《こうしん》させるものだった。行政改革会議の最終報告をふまえて、内閣というよりはむしろ首相のスタッフ機関として設けられた内閣府は、国家行政組織法の対象外の機関とされた。それだけ、内部組織の編成を「柔軟」におこなうことができる。

内閣府の実質的スタートは、二〇〇一年五月に成立した小泉純一郎政権とともにある。小泉政権は、重要政策についての会議として新設された、外部の有識者を議員とした四つの諮問機関、とりわけ経済財政諮問会議を活用し、年次の経済財政政策の基本方向を決定した。それればかりか政権の重要政策である郵政民営化についても、この会議を舞台として図った。こうした政権の行動はマスコミでも、当然、大きくとりあげられ、経済財政諮問会議は日本の政治と行政の「核心」であるかのように伝えられた。

だが、その後の民主党政権がまったく活用しなかったこともふくめて、いまや経済財政諮問会議は、政権の政策装置としての色彩を失っている。第二次安倍政権は、重要政策に関する会議に国家戦略特別区諮問会議を増設した。これは加計学園疑惑とともにマスコミの報道対象として脚光を浴びたが、批判的に扱われ審議の閉鎖性が問題視された。いずれにしても今日、これらの諮問会議は政権の政策補佐機関としての重要性を低下させている。代わって、政権の経済政策に大きな影響力を有しているのは、未来投資会議と規制改革推進会議だ。第二次安倍政権は政権発足とともに日本経済再生本部（本部長・首相）を設け、そのもとに産業競争力会議を設置した。だが、二〇一六年九月にこれを廃止し、新たに未来投資会議を設置した。構成員は表４のとおりである。この未来投資会議はまさに安

表４　未来投資会議議員

議長	安倍晋三	内閣総理大臣
議長代理	麻生太郎	副総理
副議長	茂木敏充	経済再生担当大臣兼内閣府特命担当大臣（経済財政政策）
同	菅義偉	内閣官房長官
同	世耕弘成	経済産業大臣
議員	石田真敏	総務大臣
同	柴山昌彦	文部科学大臣
同	根本匠	厚生労働大臣
同	平井卓也	内閣府特命担当大臣（科学技術政策）
同	片山さつき	内閣府特命担当大臣（規制改革）
同	金丸恭文	フューチャー代表取締役会長兼社長 グループＣＥＯ
同	五神真	東京大学総長
同	櫻田謙悟	SOMPO ホールディングスグループ CEO 代表取締役社長社長執行役員
同	志賀俊之	INCJ 代表取締役会長、日産自動車株式会社取締役
同	竹中平蔵	東洋大学教授、慶應義塾大学名誉教授
同	中西宏明	日本経済団体連合会会長、日立製作所取締役会長 執行役
同	南場智子	ディー・エヌ・エー代表取締役会長

（2018 年 10 月 5 日現在）

倍政権の新自由主義経済路線のブレーン機関といってよく、経済財政諮問会議にとって代わっている。後者の規制改革推進会議（メンバーは表5）も、未来投資会議と表裏をなす政策会議だ。「岩盤規制の撤廃」を強調する政権の政策を審議している。これは第二次政

表5　規制改革推進会議

議長	大田弘子	政策研究大学院大学教授
議長代理	金丸恭文	フューチャー代表取締役会長兼社長グループ CEO
	安念潤司	中央大学法科大学院教授
	飯田泰之	明治大学准教授
	江田麻季子	世界経済フォーラム日本代表
	古森重隆	富士フイルムホールディングス代表取締役会長兼 CEO
	髙橋滋	法政大学法学部教授
	新山陽子	立命館大学教授
	野坂美穂	多摩大学講師
	長谷川幸洋	ジャーナリスト
	林いづみ	桜坂法律事務所弁護士
	原英史	政策工房代表取締役社長
	森下竜一	大阪大学大学院教授
	八代尚宏	昭和女子大学特命教授
	山本正已	富士通取締役会長

（2018年11月19日）

権発足とともに内閣府に設置された規制改革会議を、未来投資会議の新設と同時に改組したものである。

†首相の官僚機構

図2は内閣府の内部組織だ（二〇一八年四月一日現在）。第二次安倍政権は、外部の専門家からなる諮問会議ではなく、内閣府を内閣官房とならんで内閣、より直接的には首相の官僚機構として整備してきたといってよい。図2にみるように、内閣府には旧・総理府を引き継ぐ賞勲局や総理府の外局であった沖縄開発庁を引き継ぐ沖縄振興局が設けられているが、内閣府の組織の「核心」は、八つの政策統括官（局長級）ポストだ。それぞれの政策統括官のもとには複数の参事官（課長級）をはじめとした職員が配置されている。

政策統括官の所掌事務は図2に略記されている。かれらは重要政策に関する会議の事務局機能を担うとともに、多数にのぼる「特別の機関」の運営を支えている。さらに内閣府設置法第三七条および第五四条は、内閣府本府（三七条）そして外局（五四条）における審議会等の設置根拠とされている。これにもとづき図2のように多数の審議会等が内閣府本府に設置されている。その具体的性格は、実に多様だ。

もともと、審議会等とされるように、これらは行政機関の長の諮問に応じた審議組織のみではない、実質的に行政機能を有するものもあれば、行政組織の内部管理を点検するために設けられているものもある。内閣府本府の審議会等も食品安全委員会、消費者委員会のような準行政組織もあれば、公文書管理委員会や再就職監視委員会のような行政管理に関するものもある。そして、これらの審議会等のなかには事務局をもつものもあるが、多くは関連する政策統括官あるいは内閣府大臣官房の課によって担われている。

ところで、宮﨑一徳は前掲論文において、こうした特別な機関や審議会等の拡大を促している重要な要因として議員立法の増加を指摘している。それらは省庁間の垣根を越える新たな社会問題に対応するために、内閣府に「本部」等の設置と首相のリーダーシップによる機動的対応を求めたものだ。

確かに、子育てや子どもの貧困といった問題についての議員立法は、ひとつの典型だが、これらへの対応は全省庁での取り組みを必要とする。この意味では、新たな社会問題への対応を目的とする議員立法の増加は、日本政治の変化として評価しておくべきだろう。

とはいえ、「首相権力」の強化をひたすら追求する安倍政権が、与野党を超えた議員立法に従順に従っているとはいえないであろう。むしろ、そうした国会制定法を奇貨として、

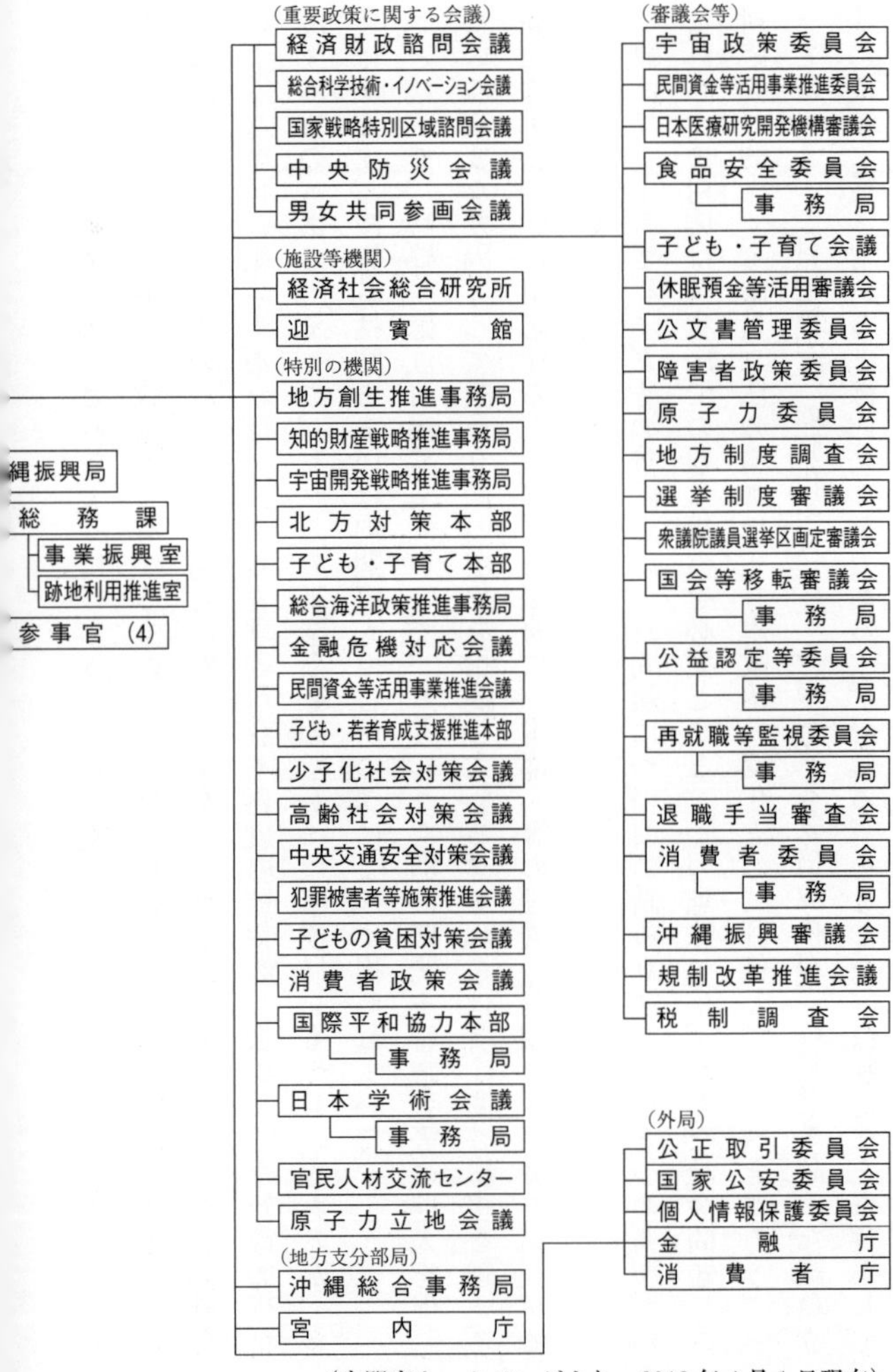

縄振興局
総　務　課
事業振興室
跡地利用推進室
参事官　(4)
(重要政策に関する会議)
経済財政諮問会議
総合科学技術・イノベーション会議
国家戦略特別区域諮問会議
中央防災会議
男女共同参画会議
(施設等機関)
経済社会総合研究所
迎賓館
(特別の機関)
地方創生推進事務局
知的財産戦略推進事務局
宇宙開発戦略推進事務局
北方対策本部
子ども・子育て本部
総合海洋政策推進事務局
金融危機対応会議
民間資金等活用事業推進会議
子ども・若者育成支援推進本部
少子化社会対策会議
高齢社会対策会議
中央交通安全対策会議
犯罪被害者等施策推進会議
子どもの貧困対策会議
消費者政策会議
国際平和協力本部
事務局
日本学術会議
事務局
官民人材交流センター
原子力立地会議
(地方支分部局)
沖縄総合事務局
宮内庁
(審議会等)
宇宙政策委員会
民間資金等活用事業推進委員会
日本医療研究開発機構審議会
食品安全委員会
事務局
子ども・子育て会議
休眠預金等活用審議会
公文書管理委員会
障害者政策委員会
原子力委員会
地方制度調査会
選挙制度審議会
衆議院議員選挙区画定審議会
国会等移転審議会
事務局
公益認定等委員会
事務局
再就職等監視委員会
事務局
退職手当審査会
消費者委員会
事務局
沖縄振興審議会
規制改革推進会議
税制調査会
(外局)
公正取引委員会
国家公安委員会
個人情報保護委員会
金融庁
消費者庁

(内閣府ホームページより。2018年4月1日現在)

図2　内閣府の組織図

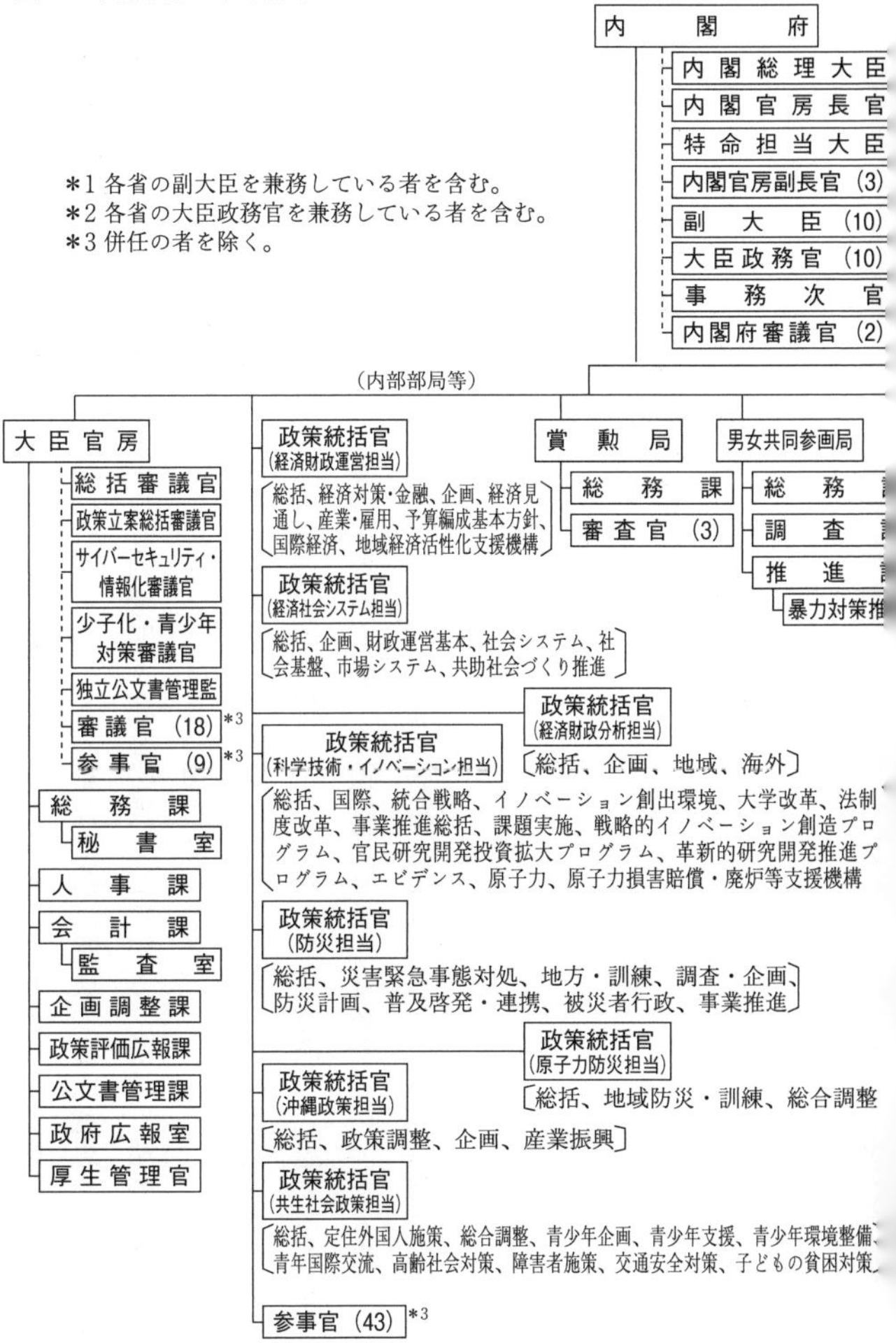

内閣府
内閣総理大臣
内閣官房長官
特命担当大臣
内閣官房副長官（3）
副大臣（10）
大臣政務官（10）
事務次官
内閣府審議官（2）
（内部部局等）
大臣官房
総括審議官
政策立案総括審議官
サイバーセキュリティ・情報化審議官
少子化・青少年対策審議官
独立公文書管理監
審議官（18）*3
参事官（9）*3
総務課
秘書室
人事課
会計課
監査室
企画調整課
政策評価広報課
公文書管理課
政府広報室
厚生管理官
政策統括官（経済財政運営担当）
〔総括、経済対策・金融、企画、経済見通し、産業・雇用、予算編成基本方針、国際経済、地域経済活性化支援機構〕
政策統括官（経済社会システム担当）
〔総括、企画、財政運営基本、社会システム、社会基盤、市場システム、共助社会づくり推進〕
政策統括官（経済財政分析担当）
〔総括、企画、地域、海外〕
政策統括官（科学技術・イノベーション担当）
〔総括、国際、統合戦略、イノベーション創出環境、大学改革、法制度改革、事業推進総括、課題実施、戦略的イノベーション創造プログラム、官民研究開発投資拡大プログラム、革新的研究開発推進プログラム、エビデンス、原子力、原子力損害賠償・廃炉等支援機構
政策統括官（防災担当）
〔総括、災害緊急事態対処、地方・訓練、調査・企画、防災計画、普及啓発・連携、被災者行政、事業推進〕
政策統括官（原子力防災担当）
〔総括、地域防災・訓練、総合調整
政策統括官（沖縄政策担当）
〔総括、政策調整、企画、産業振興〕
政策統括官（共生社会政策担当）
〔総括、定住外国人施策、総合調整、青少年企画、青少年支援、青少年環境整備、青年国際交流、高齢社会対策、障害者施策、交通安全対策、子どもの貧困対策〕
参事官（43）*3
賞勲局
総務課
審査官（3）
男女共同参画局
総務
調査
推進
暴力対策推

＊1 各省の副大臣を兼務している者を含む。
＊2 各省の大臣政務官を兼務している者を含む。
＊3 併任の者を除く。

さきにみた内閣官房の強化と並んで各省官僚制を越える内閣（首相）の官僚機構を確立しようとしているとみるべきではないか。そもそも、議員立法は議員の自由意思で提出できるのではなく、衆議院の場合所属政党の機関承認を必要としている。議員立法の提出に官邸ないし自民党最高幹部の「工作」がないとは言い切れないのだ。

しかも、官房副長官を局長とする内閣人事局の人事権限は、内閣府の枢要な官僚である政策統括官にもおよぶ。実際、政策統括官に首相サイドからみて「有能」と思える各省官僚を任命しており、また逆に、省の事務次官職に政策統括官を送り込むといった人事が目立っており、伝統的に「官庁の自治」とされてきた官僚のキャリアパスは、「破壊」されつつあるといってもよい。

5 進行する官僚・官僚機構の劣化

†政権の官僚機構への過剰同調

安倍政権には、一部の調整機能を各省に移す動きがみられるものの、内閣官房・内閣府の組織と機能を見直し、高次の政策機能に「純化」した首相ないし内閣のスタッフ機関とする動きはみられないし、おそらくその意思もないであろう。

内閣官房・内閣府の組織と機能の拡大には、評価が分かれることであろう。従来、日本の官僚機構の分立体制とそのセクショナリズムは、批判的に論評されてきた。政治的にもそれは利益集団多元主義を促すとともに、逆に、それによって分立体制を昂進させた。しかも、省の分立体制の内実は、「局あって省なし」と語られたように、省の内部組織の基本である局の全政府レベルでの分立であった。したがって、第一次臨時行政調査会（一九六一—六四年）以来、一貫して内閣の総合調整機能の向上が行政改革の課題とされてきた。

もっとも、「総合調整」は語られる割には、実務でも学問の分野でも明確に定義されているわけではない。一般に「調整権限」といわれるが、学問的には「調整」は権限を背景として政策・事業の体系化を図るのではなく、政策目的についての協議を通じてひとつの方向性を得ていくことであるとされる。とはいえ、官僚制組織は階統構造をとっているから、上位ポジションからの統制によって一つの意思を決定しがちである。だが、それぞれの組織単位の所掌事務が法的根拠をもつゆえに、これは必ずしも容易ではない。

安倍政権が、内閣官房・内閣府の機能強化によって試みていることは、割拠的な官僚機構体制をトップダウンで「調整」することであろう。そこに内閣による「総合調整」の試みとの積極的評価も存在する。

けれども、そのような評価にもまして注目しておきたいのは、政権が「総合調整」「調整」を名分として、とりわけ自らの政治指向にのっとった政策・事業を立案し、まさにトップダウンで政策・事業の法案や行政体制の整備を指示していることだ。たとえば、労働力不足に対応するとして出入国管理法の改正と在留資格の新設に関する作業を法務省に指示する。法務省は政権の意向に応える。だが、「労働力を呼んだが、やってきたのは人間だった」(マックス・フリッシュ、スイス人作家)。それゆえ、政権なりの労働者の生活についての施策を整えねばならない。この作業は法務省官僚機構にはできない。関連する各省の作業を促さなくてはならない。

こうした作業は、従来であるならば、関係閣僚の合意のもとに各省官僚機構にゆだねられる。だが、それでは政権の「満足」する結果とはならない。そこで、官邸官僚がフォーマル・インフォーマルに各省官僚制に指示を発することになる。各省官僚機構は、その意向に従順にしたがっていくことになる。こうした結果を政権による「総合調整」あるいは政権のリーダーシップの発揮として「評価」するのは簡単だが、実は、この背景に進行する官僚制の劣化こそが、問題視されなくてはなるまい。

†政権に従属する法の解釈と運用

森友学園・加計学園疑惑における公文書の改竄や獣医学部の新規開設の経緯は、それなりに有能であり行政規律を保ってきたエリート官僚が、政権が強大化するなかで「保身」や「出世欲」に駆られ、下僚を巻き込んでとった行動とみることができよう。これ自体、官僚の劣化を意味していようが、以上のような内閣官房・内閣府の権限と機能の拡大は、組織としての官僚制の劣化を招いてはいないか。

幾つもの問題事象をあげることができよう。その一つは沖縄県の辺野古新基地建設を強行するために政府が用いた行政不服審査法の「法律による行政」を無視した使い方だ。

新基地建設に反対する沖縄県の翁長雄志《おながたけし》知事は、二〇一五年に仲井真弘多《なかいまひろかず》前知事の下した公有水面埋立承認を取消した。これにたいして防衛相は、行政不服審査法にもとづき沖縄防衛局を民間事業者に見立て、国土交通相に沖縄県の処分の取消しをもとめた。国土交通相はこの訴えを正当とみなし沖縄県の処分を取消した。二〇一八年九月、翁長雄志知事の死去後、知事職務代行者の謝花《じゃはな》喜一郎副知事は、翁長前知事の遺志を受けて、公有水面埋立法にもとづく埋立承認を撤回した。これにたいして防衛相は、行政不服審査法にもとづき同じ行為を繰り返した。そして国土交通相は、当然のように沖縄県の処分を一時停止した。

行政不服審査法は行政庁によって民間事業者（私人）に不利益処分が下され、それに異議ある民間事業者の不服申立てを簡易迅速に審査し、国民の権利や利益の救済と行政の適正な運営を確保するための法律である（第一条）。沖縄防衛局はもとより民間事業者ではない。さらに不服審査の申立ての適正さを審査する国土交通相と沖縄防衛局の上位機関である防衛相は、「連帯して責任を負う」内閣の下にある。仮に、沖縄防衛局・防衛相の訴えを国土交通相が拒否したならば、それは「閣内不統一」であり、これはこれで一大政治問題となる。

具体的に誰がこの「法律による行政」をまったく無視した「奇策」を考え付いたかは、ここでの問題ではない。辺野古新基地の建設を強行し日米軍事同盟を強化しようとする首相および政権最高幹部の意思を受けた官邸官僚のなせる技であろう。そうだからこそ、防衛官僚ならびに国交官僚は、審査請求書ならびに裁決書を起草したのだ。しかし、これらの官僚たちには、それが「禁じ手」であることは分かっているはずだ。

かれらは入省時から法令解釈のトレーニングを日常的に受けて官僚制の階段を昇ってきた。そこでは法律の目的・対象・手段について厳格に判断することこそ、行動規範とされてきた。結果的に、法令解釈は「訓練された無能力」「杓子定規」といった批判を、ときに社会から浴びせられてきた。それはそれで別途議論されるべき問題だが、少なくとも立法目的や法にもとづき予定される行動をまったく無視し、政権の意に沿うように政治的に運用することなど、官僚機構にとってあってはならないことだった。

「正義」とは何かは、価値判断によって内実を異にする。とはいえ、官僚にとって「正義」とは、法を厳格に解釈・運用することだったはずだ。係わっている官僚も、おそらく心の底では、「法律による行政」を自ら毀損《きそん》するものであると考えていよう。本来ならば、政権の意図がどうであれ、官僚たちは民間事業者を装った沖縄防衛局による行政不服審査法にもとづく審査請求などできないことを、堂々と防衛相・国交相に提起すべきなのだ。

だが、首相や政権幹部に取り入るために、職業倫理を投げ捨てて法の政治的かつ姑息《こそく》な運用を図る。それが社会的に批判されても政権は揺るがない。こうなると、いつしか官僚としての「誇り」や「自負心」は失われ、「社会への貢献」——それが職業選択の動機としてどの程度のものであったかはともかく——は、「政権への貢献」と化してしまう。

こうした事態は、さきにふれた働き方改革一括法や出入国管理法の「改正」に際してのデータについてもいえる。政権の意に都合の良いデータを「偽造」までして整えたのだが、立法を基礎づけるデータが「デタラメ」であるならば、そもそも「法律による行政」など成り立たない。それが民主政治に反する行為であることなど、あらためて指摘せずとも官僚たちには認識されているはずだ。政権が自らに都合の良いデータを欲しても、「ないものはない」というべきなのだ。

†官僚機構の自負・矜持を捨て去った種子法廃止

こうした公正な行政の確保にとって「禁じ手」というべき行為にくわえて、政権の政治的意思に忠実に既存法を「すっきり」と廃止する動きさえ生まれている。一九五二年に制定された種子法（主要農作物種子法）は、稲、大豆、麦類の優良な種子の開発と安定的な提供を都道府県に義務づけた。都道府県は公費を投入し農業研究所（農事試験場）などで気候風土に適合した奨励品種を開発し、農家に安価で提供してきた。コシヒカリ、ササニシキ、ひとめぼれ、新之助といったブランド米は、種子法にもとづき都道府県が、奨励品種として開発したものだ。

働き方改革一括法、出入国管理法をめぐる議論や森友学園・加計学園疑惑といった重要政治問題が政界を支配するなかで大きなニュースとはならなかったが、二〇一八年四月、種子法は全面的に廃止された。種子法の廃止は衆参両院あわせてわずか一二時間の審議で国会を通過・可決されている。国会審議の低調さは議員の資質にくわえて「安倍一強」なる状況の所産であろう。だが、それ以前に農林水産省官僚機構さらには環境省官僚機構から、まったくといってよいほど異論が提起されなかったことを、どのように考えるべきか。

すでに二〇年以上前から日本の野菜の種子市場は、世界的な種子企業の支配を受けてきた。「種のできない野菜」「特定の農薬しか効かない野菜」が、農業生産者の話題とされてきた。いまや、モンサント・バイエル、ダウ・デュポンといった多国籍企業に種子市場は押さえられ、日本の野菜の九〇パーセントがこれら企業の支配下にあるとされる。稲、大豆、麦の種子は野菜の七倍から八倍の市場規模がある（「東京新聞」二〇一八年一二月二二日朝刊、「種子法廃止を問い直す」）。多国籍種子企業にとって日本の種子市場の門戸開放は重要な関心事だが、事は食糧安全保障の根幹である。

農水省官僚機構は、当然、こうした実態を知っている。しかも、主食であるコメの生産を安定的におこなうために、「公共の種子」の開発と廉価での生産者への提供がもつメリットを分かっているはずである。環境省官僚機構も種子生産にかかわる多国籍企業が、遺伝子組み換えやゲノム（全遺伝情報）編集による種子開発をおこなっており、その人体や自然環境におよぼす影響を熟知していよう。

種子法廃止の背景にあるものが、安倍政権のアメリカ・トランプ政権との軍事のみならず経済における協調体制指向にあるのはいうまでもない。トランプ政権は、自国産業の再興を図るとして日本に多額におよぶ高性能な武器の購入を求めてきたが、種子や種苗《しゅびょう》の輸出のために、「非関税障壁」である種子法の廃止を求めたのであり、これに政権が諾々と従っているといわざるをえない。だが、法令上も技術上も農産物、それも主食の安定的供給を追求してきた農水官僚の気概と知識はどこにいったのか。官僚機構の全力をあげて主食の確保と安全にむけて行動すべきなのだ。ところが、農水省官僚と環境省官僚は沈黙し種子法の廃止を受け入れた。

官邸主導体制のもとで進行している事態をみてきた。これらが端的に物語っているのは、政権と官僚機構との間の良い意味での緊張関係、言い換えると牽制関係が失われていることだ。安倍政権がつぎつぎと構築してきた「政権主導」の装置と手続きは、官僚・官僚機構間の「忖度競争」(古賀茂明《しげあき》)を招き、官僚制の劣化を推し進めている。

†情報公開法・公文書管理法の背理

前章で情報公開・公文書管理法制の実態について法の不備な事項をふくめて論じた。これらは、日本の政治と行政にとって「画期的」法制度といわれてきたが、官僚制の歴史的に培われてきた構造上の特性と無縁のところで成立したのでもなければ、機能しているものでもない。だからこそ、「組織共用文書」、「文書保存期間」を取り上げても、官僚機構の裁量が大きく機能し、行政の透明性の確保とは程遠い状況が生まれているのだ。

くわえて以上にみてきたように、第二次安倍政権は「首相指導」を掲げて、官邸の官僚機構を作り上げ、同時に各省官僚の幹部人事を掌中に収めている。この結果、官僚制幹部の自らの職責についての矜持を投げ捨てた政権への「従属」が、日増しに強まっている。政権の意向を慮った官僚機構による裁量労働や技能訓練生についてのデータ捏造は、国会・野党の追及によって判明したものだ。この意味では野党を評価しておかねばならないが、国会の追及は官僚機構の意思決定全般におよぶものではない。公文書の開示・管理の名において、社会に平然と「虚偽」が「真実」として「流布」することを危惧せねばならない。それはまさに民主政治の危機である。

情報公開法にしても公文書管理法にしても、条文を解釈し利点を語っていればよいというものではない。官僚機構による法の適正な運用、さらには立法時や許認可行為に際する適正なエビデンス（根拠）の提示という行為規範が存在しないところで、情報公開も公文書管理も真に機能するものではない。この意味で、問われているのは、官僚制の構造であるとともに、「政治主導」なるもののあり方であるといわねばならない。次章である終章では、これらの改革の基本的方向をデッサンしてみよう。

終章

壊れる官僚制をどうするか

1 「政権主導」の功罪

†なぜ、「政権主導」を必要としたのか

二〇一二年一二月に発足した第二次安倍晋三政権は、「政治主導」「政権主導」を掲げて、官僚機構にたいする統制を強化するとともに、内閣というよりはむしろ首相の官僚制を構築してきた。

こうした政治運営は、官僚制幹部のあいだに「官邸官僚」と「省庁官僚」の分断をもたらしているだけではない。「忖度《そんたく》」といった言葉が一種の流行語ともなったが、決裁文書の改竄が平然とおこなわれるばかりか、官邸の意向に忠実たらんとして立法や行政の根拠が「捏造《ねつぞう》」される事態が起きている。日本の官僚機構は政策指向と実施について多様な批判にさらされてきた。しかし、官僚たちの多くは法制官僚として、「法律による行政」と

いう規範を認識し、それなりに「公正・中立」に職務を実行しているとみなされてきた。とはいえ、こうした官僚制評価は、いまや「風前の灯」にも等しい。

官僚制幹部の職業倫理の退廃がなぜ起きているのか。この要因を一義的にいうことはできないであろう。かつて「官僚は一流だが、政治は三流」といわれた。筆者は「三流の政治のもとに一流の官僚が育つはずがない」と述べたことがある。政治があまりにも「小さな利益」の追求に埋没することで、官僚の行動の「優秀さ」が際立ってみえたのだ。そうだとすれば、今日の官僚制幹部の「退廃」は、政治の責任でもある。端的にいうならば、安倍政権のいう「政治主導」「政権主導」の質が問われているといえよう。

民主主義政治体制において執政部が政治と行政を確実に統御すべきことは、指摘するまでもない。議院内閣制を採用する日本において執政部は、国会多数派によって構成される内閣である。政治と官僚の関係、つまり政官関係のあり方が政治の世界のみならず政治学をはじめとする学問の世界の重要なアジェンダ（議題）とされたのは、一九九〇年代に入ってである。

第二次世界大戦後の世界秩序を形作った米ソ冷戦体制が、ソビエト連邦の衛星国であった東欧諸国の民主革命、つづくソ連邦の崩壊によって終焉した。こうして、日本は政治的にも経済的にもいわゆるグローバリゼーションの「荒海」に投げ出されることになった。こうしたきわめて大きな国際的変動がストレートな形で日本の政治体制の変化に結びついたわけではないが、政治家に、さらに社会的にも、自民党一党優位体制の日本政治の病理を認識させ、政治的リーダーシップのあり方を再考させた。

とりわけ、一九八〇年代末のリクルート事件、佐川急便事件、金丸信《かねまるしん》・自民党副総裁の巨額脱税事件とそれにつづくゼネコンスキャンダルといった政治腐敗事件の続発を受けて自民党は一九九三年の総選挙で敗北し、細川護熙を首班とする七党一会派の連立政権に政権を明け渡した。これ以降、日本は時々の連立を構成する政党の組み合わせは異なるものの連立政権の時代を迎え、今日にいたっている。

この連立政権の時代は、否応なく内閣と官僚との関係を見直さざるをえなかった。連立政権は当然、政策・事業の目標において抽象的レベルは一致をみても、その中身について政党間の意見が相違する。かつての自民党一党優位時代には、「官僚優位」との言葉が残るように、政権・政権党は官僚の工夫した政策・事業案に受動的に対応していればよかった。もちろん、自民党内の利害調整は残る。だがそれはあくまで政党内政治の問題であり、異論のある党内集団が政権党であることの「財産」を捨て去って離党することはありえなかった。だが、連立政権においては連立からの離脱・政権の瓦解が生じる可能性が大きい。

こうして、短命に終わった細川政権に続く自民・社会・新党さきがけの三党連立政権をはじめとした時代においては、内閣・連立与党幹部間の調整とそれにもとづく官僚機構へのリーダーシップの発揮が重要政治課題として追求されていった。いわば、「内閣の政治化」（山口二郎）が進行する。

†橋本政権の行政改革会議「最終報告」

一九九六年の衆議院議員総選挙後の一一月、橋本龍太郎政権は、二一世紀に相応しい行政体制を構築するとして行政改革会議を設置し、首相自ら会長の座に就いた。中央省庁の再編による新たな省庁体制や官営事業のエージェンシー化（独立行政法人化）についての議論がもっぱらマスコミの大きな話題とされたが、行政改革会議を主導した橋本龍太郎の真の狙いは、内閣さらに首相の地位の強化による内閣主導体制の構築にあったといってよい。すでに、行政改革会議に先立って、細川連立政権の「影の支配者」でもあった小沢一郎は『日本改造計画』（講談社）において政務次官に替えた副大臣・政務審議官の制度化を提唱している。政務次官は衆院当選二回生議員に割り振られた「見習いポスト」であって、官僚制にたいする統制力はないのに等しかった。小沢は大臣・副大臣・政務審議官の政権チームを省のトップに据えることで、官僚制にたいする政権の優位を図ろうとした。この構想は政界のみかマスコミ、学者の間でも評価される。

このような状況を背景として行政改革会議は、九七年一二月の「最終報告」において首相の閣議への提案権の法制化、内閣官房の強化、内閣府の新設を基軸とした内閣指導体制の強化を報告した。「最終報告」は内閣官房について「国政上の重要事項について、分野、レベルを問わず、内閣としての最高かつ最終の調整の場」と位置づけ、その機能を遺憾なく発揮するために、「内閣官房は、内閣総理大臣により直接選ばれた（政治的任用）スタッフによって基本的に運営されるべきものとする。そのため、行政の内外から優れた人材を登用するルールを確立する。また、各省庁からの派遣・出向についても、派遣・出向元の固定化や各省の定例的人事への依存を排除する」とした。つまりは、内閣官房こそ最高意思決定機関と位置づけ首相指導体制を構築しようとするものである。

この強化される内閣官房と並んで首相のスタッフ機関として内閣府をおくものだった。内閣府の核心は、重要政策を審議する民間人をふくめた四つの諮問会議にあった。なかでも経済財政政策の基本と年次予算の骨格を審議する経済財政諮問会議が官僚機構を統御する中枢組織と位置づけられた。

こうした行政改革会議の「最終報告」は、九八年六月に国会で成立した中央省庁等改革基本法にまとめられ、さらに翌九九年七月の中央省庁等改革関連法によって個別法が「改正」され、二〇〇一年一月の行政改革として実施に移される。それが「政権主導」という意味での「政治主導」の体制を作るものであったのは再論するまでもない。

だが、「政権主導」という観点からいうと、これに先立つ九九年に小渕恵三政権下の自民党と自由党の連立政権協議において、自由党党首の小沢一郎の要求により副大臣・大臣政務官制度が導入されている。それはさきに述べた小沢一郎の構想を具体化したものだ。またこの連立政権協議の結果、政府委員制度が廃止された。

政府委員制度とは、各省の局長級幹部が国会委員会において質疑に答えることを認めたものである。関連常任委員会などでの閣僚の答弁自体、官僚の質問取りにもとづき官僚が答弁案を作成し、閣僚にレクチャーしたものだ。閣僚がペーパーを棒読みする姿は常態だったが、さらに詳細については「政府委員に答えさせます」も常態だった。まさに官僚機構に依存する政治（政権）の姿を象徴するものだ。政府委員制度の廃止によって高級官僚は委員会が参考人として招致するかぎりで委員会出席と発言を認められることになった。

†制度としての正当性

日本の首相の地位は制度的に脆弱でありリーダーシップに劣るといわれてきた。これにたいして、同じ議院内閣制をとるイギリスの首相は強いリーダーであるとされてきた。こうした評価が今日でも普遍化できるかどうかには、疑問も残るだろう。ただし、イギリスの議院内閣制はウェストミンスター・モデルといわれるが、与党下院議員の一〇〇名以上が、内閣そして行政部の上部にくわわっている。二〇〇九年に成立した民主党政権は、政権奪取が現実味を帯びた段階でイギリスに調査団を派遣し、ウェストミンスター・モデルの導入を検討している。

しかし、戦後自民党政治は、首相の制度的リーダーシップの強化を意識的に追求することはなかった。一九五五年の保守合同＝自民党一党優位体制の形成と成長の過程において、自民党は政権党であるがゆえに経済社会の諸利益を取り込んだ「包括政党」さらに「超包括政党」となっていった。これらの諸利益は、相互に相矛盾・対立するものでもあった。

それゆえに矛盾する利益を抱え込んだ政権党は、その万遍ない実現を官僚機構にゆだねてきた。執政部の首長である首相は、政策の体系化にリーダーシップを発揮する必要はなかったし、発揮しようとすれば政権党内部の「反乱」にぶち当たったであろう。アメリカを盟主とする西側陣営の一員という囲いのなかで、日本政治は内向きな「小さな利益」の実現をもって政治と観念されてきたのだ。それが政治スキャンダルの温床を形成したのである。仮に第二次大戦後の早い段階でウェストミンスター・モデルが導入されていたならば、政治は一層「小さな利益」の実現に走っていたともいえるだろう。

このように考えるならば、以上にみてきた「政権主導」という意味での「政治主導」の構築に向けた制度的工夫は、政治がその責任を自覚しリーダーシップを発揮する条件を作るものといってよい。この意味で、「政権主導」を不必要とする議論はまったくの少数派であるだろう。

二〇〇一年行政改革が実際に作動したのは、小泉純一郎政権からである。この政権の政策指向はとりあえず脇においておくが、明らかに「政権主導」によって大きく変化したのは、予算政策の基本についての決定システムである。

かつて自民党一党優位時代には、大蔵省主計局長は新年度予算が実行に移され、永田町が平穏を取り戻した六月に大蔵大臣との打合せのうえで、首相と自民党三役（幹事長、総務会長、政務調査会長）を個別に訪ね、次年度予算の骨格を説明した。さらに概算要求基準の閣議決定が必要となる七月に入ると、再び首相と自民党三役を訪ね、概算要求基準の数値について説明した。もちろん、それは主計局が自民党側の意向を伺う舞台だったが、主計局はそれを取り込んだ政府案なるものをまとめ、自民党の了承を取り付けた。概算要求基準は各省の次年度予算要求のシーリング（上限）を拘束する。予算は政権党の「小さな利益」を実現するものだが、それに倍して官僚制組織のリソースの維持・拡大に寄与する。まさに以上のような事態は、大蔵官僚をトップリーダーとした官僚主導体制を物語っていた。

だが、内閣府とりわけ経済財政諮問会議は、こうした官僚と自民党幹部との「秘め事」にも等しい行為を否定するものだった。民間人議員を交えた経済財政諮問会議は首相が臨席する場で予算政策の骨格を決定し、閣議決定につなげていった。これは一つの象徴的な変化だが、政治的代表性とそれゆえの政治的正統性をもつ執政部が責任ある政治を展開する可能性を示したものであり、制度としての「政権主導」の正当性を物語っていよう。

†制度の「暴走」

一九八〇年代に長期政権となった中曾根政権は、「大統領型首相」を標榜した。中曾根政権は内閣官房を再編した。従来の内閣審議室を内政審議室と外政審議室に分離し、それぞれ内政・外交上の「総合調整その他行政各部の施策に関するその統一保持上必要な総合調整に関する事務」を担うものとした。また内閣調査室は新たに情報調査室に衣替えし、内外情報の収集と調査・分析が所掌事務とされた。さらに、従来の国防会議を安全保障会議に改組した。これは首相を議長として外務・大蔵大臣、内閣官房長官、国家公安委員長、防衛・経済企画庁長官を正規メンバーとし、必要に応じて関係閣僚や自衛隊統合幕僚会議議長をくわえるものである。審議事項は、国防の基本方針、防衛計画の大綱、防衛出動の可否にくわえて、「重大緊急事態」への対処とされた。そして、この安全保障会議の設置にあわせて従来の国防会議事務局を安全保障室に改組し内閣官房の組織とした。以上の四室にくわえて新たな内閣官房は、内閣参事官室、内閣広報室から構成された。

当時、筆者はこの内閣官房の改組を評して「首相の官僚制」の定礎と述べた（『行政改革と現代政治』岩波書店）。実際、総定員の抑制されるなかで新たな内閣官房は、旧来のそれと国防会議事務局の定員二〇二名に、さらに二〇名をくわえた二二二名体制となった。国家主義者・中曾根康弘には、衆議院に三〇四議席を築き上げたものの自民党は巨大なマンモスのごとくであり、自ら利害調整できない状況に陥っている、内外からのきびしい日本批判を乗り越え政権を維持するためには、「首相の官僚制」に支えられた強力な執政部を必要とする、と認識されていたといえよう。

ところで、安倍政権の内閣官房・内閣府の組織・機能については第三章で論じた。中曾根政権による右の内閣官房の再編以降に行政改革会議の最終報告にもとづく二〇〇一年行政改革が実施されているが、安倍政権による国家安全保障会議の設置をはじめとする内閣官房・内閣府の強化の「原型」が、中曾根政権による執政部政治の試みにあるといえよう。安倍政権は内閣官房に内閣人事局を設置し、官僚制幹部の人事権を掌握した。それゆえに、まさに「首相の官僚制」が構築されているのである。

一般論としていえば、こうした執政部の強化は、大所高所から政治の基本方針を示し、スピーディーな政治・行政の実行として評価しうるであろうし、実際にも評価されてきた。だが、こうした制度的観点からの評価にまして注目しておかねばならないのは、この「首相の官僚制」に君臨するリーダーの政治指向であり、政治的資質だ。

「政権主導」「政治主導」の必要が政治の世界や学問の分野において盛んに議論された状況下においては、「政権主導」のトップリーダーたる首相ならびに執政部を構成する政治家の行為規範、官僚制との関係性についての議論は、本格的に論じられなかった。それだけ、「小さい利益」の実現をもって政治とする日本型政治システムへの危機感が強く、「政治主導」が緊急の課題として認識されていたことの裏返しでもあったろう。けれども、この議論を抜きにするとき、「政権主導」の制度的正当性は否定され、「政権主導」は政権の「暴走」へと変容しよう。

「政権主導」を担うトップリーダーに何よりも求められるのは、民主主義政治体制を名実ともに順守する規範意識だ。「国権の最高機関」たる国会（与党にではない）に表出される多様な価値そして利害を俯《ふ》瞰《かん》し、政治の基本方向を明示することであって、政治と行政の決定核を閉鎖的組織に集中させることではない。政権主導の装置は、多様な利益を的確に調整するためにあるのであって、トップリーダーのイデオロギッシュな政治指向を政策化するためにあるのではない。

しかし、安倍政治の六年には、民主主義政治体制を順守しようとする規範意識を見出すことはできない。復古主義ともいえようが国家主義政治を指向し、安保法制の制定をはじめとした、「国家」の改造を実現しようとするものだ。他方において新自由主義というよりは市場原理主義を振り回し、資源配分の社会的公平・公正についての認識などまったく視野の片隅にもない。社会的に国家主義、新自由主義への同調が存在することは否定できないが、民主主義政治体制への定見なくそれらを増幅させることは、一国の政治リーダーとしての資質に欠けるといわざるをえない。

民主主義政治体制を順守しようとする規範意識の欠如は、官僚・官僚機構との関係においても現れている。「公務員は国民全体への奉仕者」といった、ある意味でステロタイプ化した議論をしようとは思っていない。「政権主導」において政権が最も重視せねばならないのは、さきに述べた民主主義政治体制を重視したうえでの政権の政策指向を、官僚機構の有する専門的知識・技術にもとづき具体化させることだ。言い換えれば、分立する官僚機構の密室における裁量行為としての立法・政策実施を排除し、政治を「復権」させることだ。もちろん、このためには、緊張感ある政権と官僚機構との関係を必要とする。つまりは、官僚機構を強権的に統制することでもなければ、民主党政権が「失敗」した官僚機構の排除でもない。官僚機構に事案の解決のための選択肢を作成させ、政治的代表機関としての責任をもって解決策を決定することだ。

ところが、安倍政権は、内閣人事局なる機関をきわめて政治的に操作している。第三章で述べたが、ここにおける官僚制幹部の人事は、まさに密室の作業である。そこでは官僚としてのキャリアや能力も審査対象だろうが、政権への親和性・同調性の程度が人事リスト作成の重要判断基準とされているのは、もはや否定しようがないといってよかろう。官僚制幹部をこのようにして任用すれば、政権のイデオロギッシュな政策が容易に実現すると考えられているのだろうが、それは「宮廷政治」「側用人《そばようにん》政治」なのだ。こうした事実は、「政権主導」の暴走だといってよい。だからこそ、これは安倍晋三なる政治家の資質と密接に関係するが、森友学園・加計学園疑惑という権力の「私物化」問題が生まれるのだ。

このようにみるならば、いかにして「政権主導」の暴走を正し、「政治主導」の政治的正当性を実現するかは、現代日本政治の喫緊《きっきん》の課題だといえよう。

2 「政治主導」の意義を取り戻す

†内閣人事局と官僚制の関係

「小さな政治」の追求を政治と勘違いし、官僚制に依存しつつ自民党なる政治集団内部において調整する政治システムは破綻《はたん》した。それゆえ、「政治主導」の政治システムの構築が課題となったのだ。しかし、「政治主導」を「官邸主導」ととらえ、国家主義と市場原理主義を掲げて突き進む安倍政権である。この「政治主導」の暴走をいかにくい止めるか。それは日本政治全体の課題であり、政治改革の大胆な構想の提起と大論争を必要としよう。とりわけ、政権の強権支配に慄き離合集散を繰り返す野党には、その根本的な思考の転換が求められている。

とはいえ、日本政治の将来を構想することは、本書の主題を越える。「政治主導」の組織的かつ技術的側面について政治との関係性に配慮しつつ論じることにしよう。

「政治主導」として執政部が官僚機構に政治的かつ政策上のリーダーシップを発揮するためには、執政部のスタッフ機関が整備される必要がある。このことを否定する者はいないであろう。そして、そのスタッフ機関が一定の官僚制的組織となることも当然である。だが、このスタッフ機関の充実と各省官僚機構の幹部人事を「恣意的」に差配することとは、まったく別次元の問題である。

安倍政権は官僚制幹部の人事を掌握することで、政権の重要政策の迅速な遂行を狙った。こうした人事はすでに繰り返し述べたように、「側用人」としての「出世」を指向する官僚を生み出す。そうした事象を傍目《はため》でみている官僚たちにも、政権の覚えめでたくあろうとする職業倫理の逸脱が生じる。官僚の内面的心理としては「面従腹背《めんじゅうふくはい》」であるとしても、行政自体が歪められることに変わりはない。

政権、もっといえば官邸による職業公務員の人事支配は、排除されねばならない。官房副長官なる首相側近を長とする内閣人事局の権能は、執政部における政治任用職の選任に限定されるべきである。政権の存続限りを条件とした民間人の任用にくわえて職業公務員からの任用もあってよい。この場合、所属してきた官庁からの「出向」「派遣」ではない。

官庁所属の職業公務員としての「身分」にはピリオドが打たれる。政権の交代あるいは崩壊後の身の振り方は、専門能力とキャリアによって決定すればよい。政権の政治任用によるスタッフには、それだけの「覚悟」が問われる。

内閣人事局の権能にもう一点くわえるならば、国家公務員法にもとづき設置されている人事院との協議を前提として、基幹的行政制度の一つである公務員制度に関する基本政策を取りまとめることである。労働基本権の保障、職の分類と任用方法、給与体系や定年制、再就職規制など、先送りされてきた課題は多い。内閣として責任ある公務員制度を提起する必要がある。

†中央行政機構の縮図のような内閣府の解体

政権主導にとって政治任用からなるスタッフ機関の必要性を述べた。それを「首相の官僚制」と呼んでもよい。内閣の内政・外交にわたる基本政策を作成し、官僚機構にたいする首相の指揮監督を補佐するのがミッションである。それは現行組織にそくしていうならば、内閣官房の機能の再編成である。

付言すれば、内閣にかぎらず省もふくめて「官房」なる組織名称は廃止されるべきであろう。明治初期におけるドイツ行政法学の輸入のなせるところだが、「官房」(kammer)は絶対主義皇帝に忠誠を尽くす皇帝官僚の役所を意味する。絶対主義天皇制時代には、それでよかったともいえようが、こうした事大主義的組織名称は現行憲法体制に相応しいとはいえない。内閣官房は「首相府」ないし「内閣府」であってよい。同時に、各省の大臣官房は「総務局」で十分だろう。

さて、現行の内閣府である。第三章で内閣府の内部組織をみた。複数の政策統括官、特別の機関などの「濫設」は、一種の中央行政機構の縮図のようでもある。安倍政権のもとで「肥大化」した内閣官房・内閣府については、ここ数年、再編成論が起きては消えている。だが、安倍政権はその声に積極的に応えようとしていない。

もともと、一九九七年一二月の行政改革会議「最終報告」にもとづく内閣府設置法は、「内閣の重要政策に関する基本的な方針に関する企画及び立案並びに総合調整に関する事務」(内閣法第一二条)などを担う内閣官房を助けて(内閣府設置法第三条第三項)、「行政各部の施策の統一を図るために必要となる企画及び立案並びに総合調整に関する事務」を担う(内閣府設置法第四条第一、二項)とされた。そして、内閣府は首相を主任の大臣とし、官房長官の指導のもとに副大臣、大臣政務官を配し、さらに事務次官のもとの官房、賞勲局、男女共同参画局、国民生活局、沖縄振興局などから構成された。これらの局は旧総理府の内局および外局（経済企画庁、沖縄開発庁）を中央省庁の再編にあわせて内閣府に移したものだ。すでに幾度か述べているように、内閣府には経済財政諮問会議をはじめとする民間人議員をくわえた諮問会議が設けられるとともに、沖縄・北方担当大臣や経済財政担当大臣などがおかれた。

しかし、内閣法第一二条の内閣官房の任務と内閣府設置法第三条および第四条がほぼ同趣旨の規定となっているように、内閣官房と内閣府との関係が整序されているとはいえない。それゆえに、政権ないし内閣が担うとされた重要政策に関するセクションは、内閣官房と内閣府のどちらにおかれるべきか精査されることなく「濫設」されてきた。しかも、内閣人事局の官僚制幹部についての人事は、各省官僚機構に限定されているわけではない。内閣官房・内閣府の幹部人事にもおよぶ。そして、内閣人事局が法的に対象としない課長級（参事官等）にも、派遣・出向による各省官僚の「一本釣り」がおこなわれ、政権の官僚制は増殖するばかりか、官僚たちの上昇指向をくすぐってきたのだ。

こうした問題状況を直視するならば、中央行政機構の「縮図」のような内閣府は廃止されるべきであり、内閣の重要政策の企画立案や行政各部の総合調整機能は、ここにいう

「首相府」に集約されるべきである。そして、政務三役による「政治主導」にもとづく省体制を築くべきなのである。

表6　副大臣・大臣政務官の定員

府省	副大臣	大臣政務官
内閣府	3	3
総務省	2	3
法務省	1	1
外務省	2	3
財務省	2	2
文部科学省	2	2
厚生労働省	2	2
農林水産省	2	2
経済産業省	2	2
国土交通省	2	3
環境省	1	1
防衛省	1	2

（注）内閣府は内閣府設置法、各省は国家行政組織法別表第3による

†政務三役は、なんのために存在するのか

「政治主導」を掲げた行政改革は、首相の権限強化や内閣官房・内閣府を設けただけではない。各省に大臣・副大臣・大臣・大臣政務官なる政権チームを配置した（副大臣・大臣政務官の府省別人員は表6）。これらが設けられたのは、

内閣の基本政策にもとづき官僚機構の意思決定を統制し、「官の支配」から脱して政治の優位を築くためだった。

実際、二一世紀初頭までの状況をみれば、各省官僚機構は事務次官を頂点とした生涯職官僚に支配されていたといってよい。それは各省の内部的意思決定ばかりではない。閣議も同様であった。閣議の案件は、前日に開催される各省事務次官からなる事務次官会議で調整され決定された事項であった。そして、事務次官会議の主宰者は、「官僚中の官僚」といわれた旧内務省系官庁の事務次官OBである内閣官房副長官（事務）だった。閣僚は頻繁に交代したから、これでは、政治的実権が閣議ではなく事務次官会議にあるのは、衆目の一致するところだ。しかも事務次官会議は、内閣制度の発足の翌年、一八八六（明治一九年）以来慣行として設けられてきたのであり、現行憲法体制においても、なんらの法的根拠も存在しない。

したがって、広い意味で閣僚の一員である副大臣、大臣政務官からなる政権チームを各省の頂点に配置するのは、「政治主導」にとって欠くことのできない改革だったといってよい。だが、二〇〇一年行政改革も、「政権主導」を強調した小泉政権も、事務次官会議を廃止しなかった。当然、「副大臣会議」は設けられたが、当の副大臣のあいだからは

「勉強会か」という声が上がった。エピソード的にいうと、事務次官の英訳は〈Vice Minister〉だったが、副大臣のあいだからそれは自らの職名表記たるべきとの要求が生まれた。この不満は結局、〈Senior Vice Minister〉とすることで一件落着となった。もちろん、事務次官の英訳は変わらなかった。「政治主導」の実態を垣間みせていよう。

「政権主導」を掲げた民主党政権は、事務次官会議を廃止した。各省においても大臣・副大臣・大臣政務官の政権チームによって意思決定を主導しようとした。これはさきに述べたように「失敗」に終わる。そして、第二次安倍政権は事務次官会議を事務次官連絡会議として復活させた。しかし、一方での「首相の官僚制」の構築と「暴走」によって、事務次官連絡会議には、かつてのような内閣をも主導する権力は所在しない。

さきに述べたように、内閣府を廃止し内閣人事局の権能を限定した、新たな「首相府」体制において各省官僚機構を統御するためには、大臣・副大臣・大臣政務官の政権チームが、名実ともに機能しなくてはならない。政務三役は、官僚機構が作成する政策・事業案を的確に統御するのは当然だが、同時に、政治家(とりわけ与党議員)からの要望・口利きについては政務三役のみが対応することを制度化し、官僚と政治家の関係を断ち切り、行政の「中立性」を確保せねばならない。

ところが、政務三役の政治的役割について内閣も自民党も、議論することなく今日にいたっている。「盲腸のような存在」(もともとは一九七〇年三月の日本航空よど号ハイジャック事件で、乗客の身代わりとして福岡空港から平壌《ピョンヤン》まで人質となった山村新治郎・運輸政務次官の自虐的言葉)と語られた政務次官職を廃止し、副大臣・大臣政務官職が作られた。けれども、二〇〇一年の行政改革以降の副大臣・大臣政務官ポストは、衆議院議員当選二回生を当てた政務次官ほどには「見習いポスト」ではないにしても、各省官僚機構を統御しうる政治家としての識見、キャリアが備わっているとはいえないであろう。それは大臣職についても多分にいえよう。依然として、一党優位状況にある自民党内政治の安定を図るための人事ポストとして扱われている。

だからこそというべきか。決裁文書の改竄にはじまり立法、行政の根拠(エビデンス)のデタラメさが次々と発覚しているが、そもそも政務三役は何をしていたのかが問われるのだ。かれらは政治・行政を揺るがす状況にいたっても、自らの職務責任を語ろうとしない。各省政治部門は機能していないのに等しいのが実態だ。

「政権主導」「政治主導」を指向するならば、各省官僚機構が備える機能的合理性が社会的公正・公平の実現に向けて動くように統御する政治部門を必要とする。これはもはや安倍政権に期待しえないとしても、「政治主導」の政治・行政を実現しそれを主流の政治潮流とするためには、各省の政治部門を構成しうる政治家を育てていかねばなるまい。このことを政治はもとより主権者が認識しないならば、「政権主導」の名による権力の「私物化」、政治行政のイデオロギッシュな「暴走」という、「最悪」の事態が生じてしまう。

†機動的な省庁編制の必要性

ところで、誤解のないように付言しておくと、筆者は現行の省体制を存続させよといっているのではない。さきに一部触れているが、日本の中央行政機構の編制は、国家行政組織法を基準としている。これは中央行政組織の種類を定めるとともに、内部組織の基準を定めるものである。中央行政組織の法律による設置を定めているだけではない。かつては局までの設置を法律事項としていたが、現在では政令事項とされている。ただし、事務次官、総括整理職（審議官等）、地方支分《しぶん》部局の設置は法律事項である。各省庁・委員会はこれにもとづいてそれぞれ設置法令によって、内部組織と所掌事務が定められている。したがって、二〇〇一年の行政改革による中央省庁の再編制にみるように、省庁の統廃合は国会の統制を受けるから容易な作業ではない。

たしかに、行政組織の基準を国会制定法として定めることは重要だが、個々の行政組織の設置を国会制定法とすることにどれほどの合理性があるだろうか。中央行政組織の「安定的存続」の背後において各省官僚制は「省益」を追求する堅固な組織として成長してきた。それだけでなく、個々の省庁に政治的利益を見出す議員集団（族議員集団）と利益集団を生み出し、これまた成長させてきた。その結果、中央行政組織が社会経済の変動に柔軟に対応できるように編制されているかといえば、答えは「NO」であろう。「官の優位」というが、こうした中央行政組織の設置規定が、それを支えていることをみないわけにはいかないだろう。「政治主導」をいうならば、中央行政組織の編制を執政部の権限とし、社会経済の変化に柔軟な対応が可能な条件が作られるべきである。

そもそも、中央行政組織の編制に議会の強力な「介入」を認めている「先進」国は、厳格な三権分立を憲法原理とするアメリカを除いて例外に属すだろう。「政治の改革」というと何かと引照されるのはイギリスだが、イギリスの中央行政組織の編制は勅令による。だが、立憲君主制における勅令は内閣によって作成されており、国王（女王）の裁可は法形式にすぎない。フランスにおいても中央行政組織の編制は大統領令による。

さきに、各省政治部門による省官僚制の的確な指導を述べたが、「政治主導」「政権主導」の意義を実現させるためには、中央行政組織の編制制度の改革を具体的な政治的課題として追求する必要があるだろう。

3 官僚制は、安倍政治によって壊れたのか

†信じ難いほどの官僚制の劣化

すでに多くを語る必要はないだろうが、二〇一二年一二月の第二次安倍政権の成立以降の六年間における官僚・官僚機構の劣化は、眼を覆いたくなるほど凄まじい。

歴史への責任をともなう公文書である決裁文書の改竄、数々の立法および行政上のエビデンス（根拠）の「捏造」「偽装」が次々と発覚している。これらは、政界を巻き込んだ造船疑獄事件、昭和電工事件、リクルート事件といった疑獄事件でもなければ、一九九〇年代に社会的批判を浴びた大蔵省高級幹部のスキャンダラスな「接待事件」でもない。そ

れらは発展途上やバブル景気時代の「徒花《あだばな》」であり、また驕《おご》り高ぶった高級官僚の破廉恥《はれんち》な行為だ。今日の事態は疑獄事件に比すと「陰湿」であるといってよい。

なぜならば、ふつうの市民は、役人たちは粛々と事案を処理し決裁文書を作成している、また統計の公表に向けて原票を整理し集計していると思ってきたはずだ。だからこそ、行政への不信感は、「燎原《りょうげん》の火」のごとくは拡がらなかったのだ。しかし、事実は「勤勉」に偽装作業が繰り返されていた。

いったい、日本の官僚・官僚機構は、いつから、これほどまでに「壊れて」しまったのか。「安倍一強」といわれる政権の所産なのか、より構造的問題であるのか。それとも、構造的問題が安倍政治のもとで噴き出したのか。改めて考えてみなくてはなるまい。

†特権意識のはびこりと陰り

第一章でみたように、戦後日本の官僚制は天皇主権下の官僚制構造を、外見的姿を変えて引き継ぐものだった。「官吏」から「公務員」への法的名称の変更はあっても、組織内部においては官の秩序は身分制として事実上残された。「入口選別」といわれる採用試験の区分は、公務員の昇進可能性を決定づけた。しかも、組織は「閉鎖系」であり、民間との人事交流は無いのに等しい。幹部候補生として採用された職員に特権意識を植え付ける。

こうして、戦前期を引き継ぐ「官の支配」は、非民主的な行政組織とならざるをえないが、それは中央省庁内部にとどまらない。中央省庁の幹部候補生であるキャリア組官僚は、三〇歳代の若さで府県庁の枢要な課長職に派遣される。課長補佐級ともなれば部長職、さらに課長職で副知事として派遣される（法的にいえば、「派遣」ではない。一般職の場合はいったん退職し、府県人事委員会の審査をへて任用される。副知事の場合はいったん退職し、府県議会の同意を得て任用される。だが、実態は「派遣」といった方が妥当だ）。

こうした人事は「地域の実態を学ぶ」といった言葉で「正当化」されてきたが、兄弟の世代どころか父母の世代に指図する職――しかも、部下の大半は定年までにその職に昇進することはない――には、それなりに「苦労」があることも事実だろうが、エリートとしての心的態度と行動を植え付けていくことになろう。この自治体との間の人事は、今日なお継続している。

それでも、戦後復興から高度経済成長期においては、エリート官僚のみならずノンキャリア組と「蔑称《べっしょう》」された職員もふくめて、国の再建さらに発展＝近代化へ向けて目標が共有されていた。「〇〇省一家」とされる閉鎖的組織には、「身分」を超えた一体感が存在し、幹部の識見や交渉力についての評価が存在していたといってよい。このかぎりにおいて、組織内では鼻持ちならない「特権的」エリートとはみなされていなかったのだ。

こうした組織に変化が生まれるのは、一九八〇年代に入ってからだといえよう。すでに、この段階になると官僚制の行動を駆り立てた近代化は達成された。「護送船団方式」といわれた官僚機構主導の業界との利害共同体は、国際的な批判の的とされた。銀行・証券業ひとつを取り上げても、官僚機構が微に入り細を穿った規制＝保護をなしうる状況ではなくなった。自治体の政治と行政にも「唯々諾々《いいだくだく》」と中央官僚に従う指向は薄れていった。そして何よりも、財政の逼迫が深刻化し財政再建をいかに進めるかが、政治の重要なアジェンダとされる。

こうした当時の状況を細かく論じることはここでの課題でないが、政治は官僚制組織に新たなミッションを設定しなかった。政治・政権は、ひたすら財政の再建を「民間活力の活用」＝新自由主義に求めていく。中曾根政権は許認可等の事務を官僚機構の外延に公益法人を濫設して「下請け」させていったが、それはより大規模に国立病院・療養所、国立大学をも独立行政法人、国立大学法人として「外部化」する動きとなって表れている。さらには、安倍政治の強調する「岩盤規制」の撤廃へとつながっている。

官僚制組織が組織のミッションを見失っていることにくわえて、国家公務員の総定員がきびしく抑制され、さらに事業の「外部化」が進行した。実務を遂行するといっても、それは主として指導・指示に依存している。キャリア組官僚の「本領」が政策・事業の企画立案だといったところで、「現場」を失い、あるいは「現場」が相対的に「自立」の度合いを強める状況では、そもそも有意な政策・事業の立案や実施など、できるはずがないのだ。

しかも、現在の事務次官、局長、課長といった官僚制幹部は、すでに六〇歳代初頭から五〇歳代であり、公害問題、ベトナム戦争、大学と学問のあり方などがきびしく問われた時代を知らない。共通一次試験、センター試験に象徴される偏差値による大学入試競争のなかで育った学業上の優等生たちだ。社会的公正や平等についての鋭い感性が培われてきたとはいえない。だが社会問題への「視野狭窄」と組織的ミッションに確信を持てない状況下においても、官僚人事の差別構造は存続している。

こうなれば、キャリア組官僚の特権意識だけが増殖していく。その結果、自己の「保身」「栄達」が関心の的とされ、下僚の苦悩を理解できずに作業を命じる。ひいては、それが国民生活を脅かすことなど、関心の枠外となる。このようにみてくるならば、官僚制組織のまさに構造改革が問われているという以外にない。

†身分的人事制度を廃止する

「政権主導」のあり方について論じた。また各省官僚機構にたいする政治部門（政務三役）の役割についてもみた。これらにくわえて、官僚制組織の改革が以上のように必要とされているが、重要と思えるポイントを以下にみていこう。

第一に、アジア・太平洋戦争の敗戦から七〇年余が過ぎさっているにもかかわらず戦前期から続いている身分的人事制度を、廃止することである。

採用の入口において「キャリア組」と「ノンキャリア組」に選別し、一定集団を特権的な幹部候補生とするシステムは「破綻」していよう。二〇〇七年の国家公務員試験の改革によって、一般職職員の試験区分は「総合職」と「一般職」に改められた。「総合職」は政策立案能力や企画能力を考査するものとされ、一般職は事務処理能力を考査するとされた。だが、これは事実上それまでのⅠ種、Ⅱ種試験の名称変更にすぎない。行政組織内における採用時からの扱いにおいても、大きな変化は生まれていない。総合職試験合格・採用者が幹部候補生にほかならない。

すでに一九九〇年代から国家公務員Ⅱ種試験合格・採用者の大半は大学卒業者である。そもそも、総合職試験で政策立案能力や企画能力を問うといっても、大学卒業間近の二二、三歳の若者に、人間生活の全般に影響をもたらす行政の企画能力が備わっていることなどありえない。ＡＩなどを駆使するハイテク企業の社員・研究員の採用とは異なるのだ。それにもかかわらず、ペーパーテストに難易度をつけた選考が実施されている。

行政という活動の人的素材の採用は、こうした入口での選別を廃止すべきである。中央政府職員採用試験として「一本化」すればよいのである。もちろん、採用された職員の研修が必要だが、専門的知識や技術の「座学」研修に特化するのではなく、公務員としての職業倫理と社会的問題への感性を養うことに重点がおかれるべきであり、この観点からのプログラムが用意されるべきだ。大蔵官僚の不祥事がつぎつぎと明るみに出た当時、筆者は人事院の研修で、採用後二年間程度はＪＩＣＡ（国際協力事業団、現・国際協力機構）の青年海外協力隊として低開発国・発展途上国で活動させたらどうか、それを採用の条件としたらどうか、と述べたことがあるが、そのくらいの研修プログラムを必要としている。それは今日、より重要性をましていよう。

†内閣一括採用と省内人事のあり方

現代日本行政学の先達である辻清明は、戦後公務員制度の定礎にあたって、公務員の内閣による一括採用を提起した。各省別の職員採用は、官庁コミュニティを作り上げており、その弊害は大きい。

内閣一括採用は、入口選別の廃止と同様に官僚制組織の改革の重要課題である。ただし、それをどのように制度化するかは、かなりの難題（アポリア）である。採用権者を内閣とすることは妥当だが、本人の希望、適性などを客観的に判断し、配属機関を決定するのが内閣であってよいだろうか。今日においてすら、新規職員の採用に多様なルートから「配慮」が申し入れられるという。採用者の配属先の決定は、内閣からの相対的自立性の保障された中央人事行政機関（人事院）の権限とすべきであろう。そして、中央人事行政機関の「審査」を介在させた省庁間の人事異動＝各省間の人事の流動性を高めることが追求されるべきである。

ところで、官僚制組織であればなおのこと、管理・監督者を適正に選考し、ハイラーキカルな組織を作り上げていかねばならない。「入口選別」をなくし、特権的エリートを廃した組織において、これまた難題である。

大森彌《わたる》は、厳格な能力・実績重視の人事評価システムを導入しても、大部屋執務の職場はとげとげしくなり活気のないものとなるとして、ひとつの傾聴に値するアイディアを提示している（『官のシステム』）。かれが提案するのはつぎのような評価方法である。

新たな人事評価制度では、個人評価に工夫を凝らしたうえで、所属する係や課という単位を一つのチームとして捉え、チームを多様な観点から評価したうえで、個人評価に「チーム評価」を上乗せする。個人評価（一〇〇点満点）は「能力評価」（八〇点満点）と「業績評価」（二〇点満点）とし、「チーム評価」は二〇点満点とする。個人評価は高くてもチームとして貢献できなければ総合評価は低くなり、逆に個人評価は低くてもチームの業績向上に貢献していれば総合評価は底上げされる。こうして、「仕事は組織で業績を上げていくもの」との意識が醸成される。

たしかに、能力主義といいつつ、実質的には年功序列を基本とした横並び、順送り人事となっている人事評価の改善を促し、官僚制組織に「国民起点の行政」（大森彌）という意識を高めることが期待できよう。ただし、局長、課長といった組織の管理者についての評価には、さきに述べた意味での政務三役の評価を必要としよう。それは安倍政権の内閣人事局にみる政治指向の濃厚な評価であってはならない。

行政の社会的使命の認識度合いと組織の管理・監督者としての能力を、国民の政治的代表として、また当該行政機関の執政部としての評価でなくてはならない。「そんな資質をもった議員がいるか」といった議論はやめておきたい。それは「天に唾する」ようなものだ。「政治主導」とは、こうした資質をもつ政治家を鍛え上げ、かれらに官僚組織の統御をゆだねるものだからだ。

†顔のみえる行政組織へ

官僚制は「匿名の支配」、「誰でもない者の支配」ともいわれる。官僚制組織が一定の機能的合理性を備えていることは確かだが、その作業は集団としておこなわれ、構成員は没個性的に作業にかかわる。何らかの組織としての責任を問われる事態が発生しても、事案を処理した職員は、あくまで組織の所掌事務規程などの諸規則にのっとり職務を忠実に実施したにすぎないとされ、個人的責任を問われることはない。もちろん、この「誰でもない者の支配」は、それぞれの国の官僚制組織の歴史を反映して、顔の見え方に強弱がある。

天皇なる超然的支配者の下僕《げぼく》として組織された官僚制は、まさに「匿名の支配」機構だった。官僚組織の責任を問うことは天皇の責任を問うことだが、超然的支配者の責任は論理的にも政治的にもありえない。したがって、「官は無謬《むびゅう》」であり、ましてや官僚個人の責任など問いようがない。だが、この官僚制は主権構造の一八〇度の転換にもかかわらず基本構造は改革されなかった。第一章で述べたように、課長・局長といった組織単位の長の権限と責任は何ら規定されないままである。組織単位ごとの所掌事務が、公権力行使の規範である行政作用法との整合性が省みられることなく規定され、所掌事務規程のみに依拠した行政も「法律による行政」との壮大な誤解——それを許している政治の能力も問いたいが——によって実施されてきた。

この組織構造は、まさに「無責任の体系」にほかならないであろう。決裁文書の改竄、立法や行政のエビデンスの「捏造」「偽装」は、一大政治問題として社会的批判を浴びている。だが、いずれの問題においても、組織の誰の指示・責任でおこなわれたのかは、いまもって明らかでない。こうした「無責任の体系」であるからこそ、安倍政権への「忖度」が組織内で疑問視されることなくまかり通り、官僚制幹部はそれを政権への「忠誠心」の証として自己の「栄達《えいたつ》」を追求することになる。

さきにも一部触れているが、職階制の全面的導入に改めて舵を切らなくとも、組織の長の権限と責任を明示することはできよう。それは、薬害エイズ事件における東京地検の冒頭陳述書や東京地裁判決のいう「総括整理をすること」といった意味不明な規定を設けることではない。所掌事務規程と行政作用法の関係について精査したうえで、所掌事務の実施権限と責任が組織単位の長にあることを法的に明確にすれば済むことである。そして、長の下僚たちは権限行使の補助・補佐要員であることを明確にすればよい。組織単位の長には、権限行使という法令にもとづく行為についての責任にくわえて、下僚の指導や能力の開発、さらに人間関係に心を配る管理者としての責任があるが、それはさきに述べた人事評価の対象事項である。

一国の政治リーダーとしての資質が国内のみならず国際的にも疑われる首相のもとで、「優秀である」とされてきた官僚機構が壊れているとみなされている。しかしそれは、一時的現象ではない。以上にみてきたように、官僚制に内在する欠陥が、無定見な権力指向のみが目立つ政権のもとで噴き出したという方が妥当である。こうした構造的問題にメスを入れ、新たな官僚制を構築することが問われていよう。

4　公文書管理で公正な政治と行政を実現する

行政さらにそれを統制しえていない政治による公文書管理のデタラメさは、「底なしの沼」のようだ。これまで述べてきた官僚機構の改革、さらに政官関係の制度改革が着手されなくてはならないが、同時に、官僚機構が日々作成している公文書の管理システムの改革が果敢に実行されるべきだ。官僚制組織の構造が改革されても、公文書が民主政治の財産として管理されないならば、官僚制の組織改革は外形的なものとなってしまう。公文書管理の改革は、官僚制改革の「搦手《からめて》」といってよい。最後に、その基本的方向を考えておこう。

†公文書に包括的に網をかけた定義

日本の公文書管理に関する法制は、情報公開法が先行した。この制定時には民主政治の観点から高く評価されたが、情報公開法のもとで公文書管理のデタラメさが進行している。論理的に考えるならば、情報公開法制に先立って、少なくとも併行して、公文書とは何かが法的に明確に定義されるとともに、政権から独立かつ中立な公文書管理の行政システムの構築がなされるべきなのだ。そうでなければ、「組織共用文書」といってもそれは抽象的定義となり、重要文書が閉鎖的組織のなかに隠されてしまう。

公文書とは何かが明確にされて初めて、公文書の開示請求は具体的にターゲットを定めることができ、行政にたいする統制も有効性を高める。情報公開法と公文書管理法は「車の両輪」というが、現状を直視するとき、公文書管理システムの改革こそがまずは重視されるべきである。

その出発点は、いうまでもなく公文書の定義である。その基本は、行政機関（ここには現行公文書管理法第二条第一項の規定する行政機関と独立行政法人、国立大学法人、研究開発法人などが含まれる——以下、一括して「行政機関」）の作成する電磁的記録をふくめた文書に包括的に網をかけたうえで、カテゴリーごとに区分することである。それらを例示するならば、以下のようになる。

第一は、いうまでもなく事案の最終決定にかかる文書である。法案、予算案、許認可など行政処分の決定、統計など立法、行政にかかる根拠（エビデンス）などである。

第二は、これらの事案の最終決定にいたる過程ならびに内容に関する記録。

第三は、行政機関の職員が執務の便宜のために作成した記録、および決裁を経ていない立案、執務計画の作成時の記録。

第四は、行政機関の内部または組織相互間の審議、検討、協議で作成した記録。ここには職員間の協議等のみではなく、公的審議会と私的諮問機関の議事録全文、そこへ提出した文書などがふくまれる。

第五は、行政機関の職員が外部の団体および私人と接触したときの内容の記録。

これらは、いずれも森友・加計学園疑惑以降に深刻化している公文書管理問題から引き出されるものだ。とりわけ、第三は、行政職員個人の備忘録的メモとして扱われ、政権最高幹部である官房長官が公的な場で「怪文書」と切り捨てる事態が生じたが、職員は公的職務のために存在するのであって、公務遂行の過程で作られた文書は、おしなべて公文書として明確に位置づけられねばならない。かりに偽計のための文書であることが明白となったならば、刑事訴追すればよいだけのことだ。第四もまた、森友・加計学園疑惑のなかで官邸と文科省さらに愛媛県とのあいだで争点とされた事項に関係するが、これらは公文書として法定されねばならない。

　これらのカテゴリーにもとづく公文書の定義は、公文書管理法という法規範のなかでより明確に定められる必要がある。ただし、法律がいかに詳細な規定をおいても、公文書管理システムが未整備であるならば、民主政治を実現するものとはならない。政権や各省官僚機構から相対的に独立した中立的な公文書管理機関を必要としている。

†公文書管理のための行政システム

　厚生労働省による毎月勤労統計や賃金構造基本統計調査のデタラメさばかりか、政府の他の基幹統計にも疑問の眼が向けられている。歴史にイフを持ち込むのではなく、現状改革の示唆としていうのだが、戦後民主化過程の一九四七年に設けられた独立行政委員会としての統計委員会が存続していたならば、これほど杜撰な統計行政だったであろうか。

　多大な惨禍《さんか》をもたらしたアジア・太平洋戦争の重要な要因の一つが、政府・軍部による科学的根拠のない政治的かつ軍事的プロパガンダにも等しい統計にあったとの反省にもとづき、統計委員会が作られた。そして大内兵衛など進歩派経済・統計学者をトップに据えた委員会によって統計行政の近代化＝民主化が推し進められた。しかし、統計委員会は日本独立とともに内閣統轄による行政の一元化を理由として、他の行政委員会と一緒くたにして廃止され、総理府所管の統計審議会とされた。

現在いう統計委員会は総務省の付属機関にすぎない。統計法に違反した厚労省による毎月勤労統計調査は、二〇〇四年から続いてきたとされる。その具体的な理由はいずれ明らかになるであろうが、基本としていえるのは、統計行政という科学的判断を必要とし、かつ政治に中立でなければならない業務が、内閣統轄下の行政機関にゆだねられ、第三者のきびしい監視の眼が届かないならば、官僚制組織の内部事情によって方法等に手がくわえられるのも当然であろう。

このようにみるならば、カテゴリーとして区分した公文書全体について、各省の公文書管理に監督権限をもつ内閣から相対的に独立した行政機関の設置を必要としよう。

立憲民主党、国民民主党、自由党、無所属の会の三党一会派は共同で、二〇一八年一二月五日、「公文書等の管理の適正化の推進に関する法律案」を衆議院に提出した。この法案のなかで「公文書記録管理院」の設置を謳っている。

同法案によれば、公文書記録管理院は「内閣の所轄」のもとにおかれ、①公文書等の管理に関する基本的な政策の企画及び立案並びに推進に関する事務、②各行政機関の公文書等の管理に関する業務の実施状況の評価及び監視に関する事務、③歴史公文書等（公文書管理法第二条第六項に規定する歴史公文書等をいう。次号において同じ。）の保存及び利用に関する事務、④歴史公文書等に関連する調査研究の実施に関する事務、⑤その他公文書等の管理等に関し必要な事務、を執り行うとしている。そして、公文書記録管理院は、こうした事務にもとづき「行政機関の長に対する公文書等の管理についての勧告、公文書管理法及びこれに基づく命令の制定又は改廃に関する意見の申出その他の公文書等の管理の適正化を図るために必要な措置を講ずることができるものとする」としている。

†「内閣の所轄の下」の意味

法案は、公文書記録管理院の設置は別の法律によるとしており、その具体的組織像は明らかではない。ただし、「内閣の所轄の下に」とし名称に「院」を付していることから、公文書記録管理院のモデルは、国家公務員法にもとづき設けられている人事院であろう。

人事院は、三人の人事官からなる合議制の機関を最高意思決定機関とし、そのもとに事務総局がおかれている。内閣は人事官の任命権をもつが、任命にあたって国会の同意を必要とし解任権はもたない。事務総局は国家行政組織法の対象機関ではなく組織編制権は人事院に完全にゆだねられている。人事院は業務の実施について内閣の指揮、命令、監督を受けることなく完全に独立して業務を実施することが認められている。人事院の予算案は内閣に提出され国会に上程されるが、内閣が人事院の予算案に異議がある場合には、内閣は人事院の予算案と自らの予算案の二つを国会に提出せねばならない（二重予算制度という）。

内閣から高度に独立した行政機関は、日本独立後には一つとして設けられていない。二〇一二年九月に発足した原子力規制委員会は、行政委員会とはいうが、内閣統轄下の環境省の外局にすぎない。人事院にたいしては政権・政権党から「解体」の声が上がるが、政治（政党政治）からの中立性が求められる公務員制度を維持するためには人事院は欠かせない機関だ。

同様に公文書の管理についても、政権からの高度の独立性の保障された機関が必要である。立憲民主党などのいう公文書記録管理院の設置構想は積極的に評価しておきたい。そのうえでいえば、公文書管理に関する列挙された事務は、情報公開制度にも適用されるべきであろう。つまり、公文書管理と情報公開の双方について適正さを監督し調査や勧告、意見提出権をもつ「中立」機関が設けられるべきであり、それを基本とした組織の詳細設計が急がれる。

政権・政権党にとっても、さきに述べたように公文書の範囲を明確に定めた公文書管理法を改正し、同時に公文書管理の中立機関を設けることは、政治の統治能力を高めるうえでプラスになっても、けっしてマイナスとはならないはずだ。安倍政権は公文書管理問題が一大政治問題となるなかで、特定秘密保護法に合わせて内閣府に設けた独立公文書管理監の機能の拡大を図った。その「限界」についてはすでに述べた。そもそも内閣府なる首相直属機関の一部局に「独立」なる名称を付けること自体、「御為倒《おためごか》し」だ。要は、民主主義政治体制の行政とは何か・どうあるべきか、という政治哲学をもちうるかどうかなのだ。

†国会の責任が問われる

国会とりわけ野党が、政府の公文書管理の杜撰さをきびしく問い、問題の所在を明らかにすることは、絶え間なく展開されるべきだ。これにくわえて、国会は「国権の最高機関」である。国民の共有財産であり歴史への財産である公文書についてインカメラ機能をもち、政府と官僚機構を統制していかねばなるまい。とりわけその対象は、歴史公文書と秘密指定された公文書だ。

公文書管理のための内閣から独立した行政機関が設置されるならば、公文書管理法は改正され、歴史公文書について新たな規定がくわえられよう。だが、現行の公文書管理法のもとにおいても国会の機能は強化されねばならない。第二章でみたように歴史公文書のすべてが特定歴史公文書として国立公文書館に収蔵されるわけではない。官僚機構が振り分けた特定歴史公文書と歴史公文書は適正なものであるのか。さらに歴史公文書は行政機関のなかでいかに管理されているのか。国会は歴史公文書の「現物」を精査し、官僚機構の公文書管理を統制せねばならない。公文書管理の独立機関が作られたならば、その機関もまた同様の審査をするであろうが、二重のチェック体制は、公文書管理なるものの性格に照らすならば、けっして「無駄な作業」ではなく、むしろ積極的になされるべきことである。

特定秘密保護法については、第二章で学問上への負の影響もふくめて問題点を指摘した。国家主義指向に立った右翼政権の所産だが、端的にいって、情報公開法・公文書管理法の精神と真逆の特定秘密保護法は廃止されるべきだ。ただし、一定の期間を定めて「秘密扱い」せざるをえない公文書が現実の行政の過程において生まれることも否定できないであろう。今日の「秘密」指定は、官僚機構の裁量行為にゆだねられ、それにたいする外部の眼が届かないことが問題なのだ。国会は、官僚機構が秘密指定したすべての公文書についてインカメラし、その適正さと秘密期間を審査し、官僚機構の裁量行為に歯止めを掛けねばならない。こうした秘密文書のインカメラは独立した公文書管理機関の権限とされようが、秘密指定の適正さを統制することこそ、主権者の代表からなる「国権の最高機関」の責任である。

＊　＊　＊

公文書の公開をふくめた公文書管理は、民主政治の根幹であるとともに歴史への責任である。現代日本においてこれを実現していくためには、たんに公文書管理法や情報公開法の「改正」を図るのではなく、以上に述べた官僚制の構造の改革、「政権主導」のシステムの再構築を併行させる必要がある。このことを最後に強調して筆を擱《お》きたい。

あとがき

官僚・官僚機構にたいする市民の不信の眼が、一段ときびしさをましている。森友学園への国有地売価では、決裁文書が改竄された。加計学園の経営する岡山理科大学による獣医学部の開設では、内閣官房・内閣府の官僚と各省官僚との「対立」が目立つとともに、開設の認可にいたる過程はきわめて不透明のままである。これだけでなく、立法と行政執行の根拠（エビデンス）の「偽装」「捏造」といってよい事態が、つぎつぎと明らかになった。そして二〇一九年度予算の国会審議入り直前には、毎月勤労統計調査の「不正」が発覚し、政府の一般会計予算案は、雇用保険等の支払額の誤りを正すために、一部修正を余儀なくされている。

過去にも官僚・官僚機構の不祥事は大小織り交ぜて発生し、社会のきびしい批判にさらされている。とはいえ、官僚機構の日常業務である事案の決裁や立法の準備作業において、公文書の改竄やエビデンスの「偽装」が、これほど短期間に集中して明らかになることなどあっただろうか。

二〇一二年一二月の第二次安倍晋三政権の発足以降、「安倍一強」といわれる政治状況が次第に濃厚となっていった。政権党内に有力な対抗勢力を率いるリーダーが存在しないことや、選挙の公認権、政党助成法による政治資金の配分権などが自民党中央に集中している結果でもあろう。こうした政治状況のなかで政権は、二〇一四年に内閣人事局を設置し官僚制幹部の人事権を掌握した。また内閣官房・内閣府の組織強化を図り「官邸官僚」ともいうべき一群の官僚を囲い込み、各省官僚機構への統制力を強めた。「忖度」が一種の「流行語」となったが、官僚たちの間に「忖度競争」が演じられているとされる。

たしかに、現実の問題状況の説明としては的を射ていえよう。しかし、官僚機構による公文書の改竄やエビデンスの「偽装」「捏造」は、二〇〇一年四月の情報公開法、二〇一一年四月の公文書管理法の施行のもとで起きている。これらの法体制に多くの不備があることも事実だが、官僚・官僚機構に情報公開や公文書管理の法理念、もっというと民主政治の価値が根付いていないことを物語っていよう。

日本の官僚機構は、アジア・太平洋戦争の敗戦後に制度の外形は民主化された。だが、戦前期から引き継がれている構造的問題が、「安倍一強」といわれる政治状況のなかで一挙に噴き出し、信用の失墜をもたらしているのではないか。これが本書の基本的視座である。したがって、安倍政権の「政権主導」の装置と手続きの改革とならんで、官僚制の構造に徹底したメスを入れねばなるまい。そうでなければ、情報公開も公文書管理も、政治・行政の統制手段とならないばかりか、「歴史への責任」を果たすこともできない。

本書では、こんな思いに駆られつつ、かなり率直に日本の官僚制と「官邸独裁」といってよい安倍政治への批判、それをもとにしたオルタナティブをまとめてみた。この本の執筆中に幾人かの官僚にいまの状況への思いを聞いてみた。いずれも「苦悩」を語るが、「打つ手はない」ともいう。こうした官僚たちや政治・行政に不信の眼差しを注ぐ人びとに、本書でいうオルタナティブが伝わるならば、望外の幸せである。

この本は『政治主導――官僚制を問いなおす』に引き続き、ちくま新書編集部の松本良次さんの熱心な編集作業に支えられている。社会経済の動態を無視した一〇連休を控えて、きびしい作業だったと思う。松本さんに心からお礼を申し上げる次第です。

二〇一九年三月二六日

新藤　宗幸

参考文献

朝日新聞取材班『権力の「背信」――「森友・加計学園問題」スクープの現場』朝日新聞出版、二〇一八年
安藤正人・久保亨・吉田裕編『歴史学が問う　公文書の管理と情報公開――特定秘密保護法下の課題』大月書店、二〇一五年。なかでも、瀬畑源「第1章　公文書管理法と歴史学」、我部政明「第2章　沖縄返還をめぐる日本の外交文書」、千葉功「第5章　戦前期日本における公文書管理制度の展開とその問題性」、加藤聖文「第6章　日本の官僚制と文書管理制度」
伊藤大一『現代日本官僚制の分析』東京大学出版会、一九八〇年
大森彌『官のシステム』東京大学出版会、二〇〇六年
大森彌「日本官僚制の事案決定手続き」日本政治学会編『年報政治学一九八五　現代日本の政治手続き』岩波書店、一九八六年
小沢一郎『日本改造計画』講談社、一九九三年
関東弁護士会連合会『未来への記録――自治体の公文書管理の現場から』二〇一八年、関東弁護士会連合会
郡司篤晃『安全という幻想――エイズ騒動から学ぶ』聖学院大学出版会、二〇一五年
田丸大『法案作成と省庁官僚制』信山社出版、二〇〇〇年
鶴岡憲一・浅岡美恵『日本の情報公開法――抵抗する官僚』花伝社、一九九七年
西尾隆『公務員制』東京大学出版会、二〇一八年
西尾勝『行政学［新版］』有斐閣、二〇〇一年

西山太吉『機密を開示せよ――裁かれる沖縄密約』岩波書店、二〇一〇年
保坂渉『厚生省ＡＩＤＳファイル』岩波書店、一九九七年
牧原出『「安倍一強」の謎』朝日新書、二〇一六年
牧原出『崩れる政治を立て直す――21世紀の日本行政改革論』講談社現代新書、二〇一八年
宮崎一徳「内閣官房、内閣府の拡大と議員立法の役割」『公共政策志林』第四号、二〇一六年
山口二郎『内閣制度』東京大学出版会、二〇〇七年
新藤宗幸『講義　現代日本の行政』東京大学出版会、二〇〇一年
新藤宗幸『技術官僚――その権力と病理』岩波新書、二〇〇二年

ちくま新書
1407

官僚制《かんりょうせい》と公文書《こうぶんしょ》
――改竄《かいざん》、捏造《ねつぞう》、忖度《そんたく》の背景《はいけい》

二〇一九年五月一〇日　第一刷発行

著　者　新藤宗幸（しんどう・むねゆき）

発行者　喜入冬子

発行所　株式会社 筑摩書房
東京都台東区蔵前二-五-三　郵便番号一一一-八七五五
電話番号〇三-五六八七-二六〇一（代表）

装幀者　間村俊一

印刷・製本　株式会社 精興社

ISBN978-4-480-07223-8 C0231

ちくま新書

294
デモクラシーの論じ方
——論争の政治
杉田敦
民主主義、民主的な政治とは何なのか。あまりに基本的と思える問題について、一から考え、デモクラシーにおける対立点や問題点を明らかにする、対話形式の試み。

465
憲法と平和を問いなおす
長谷部恭男
情緒論に陥りがちな改憲論議と冷静に向きあうには、そもそも何のための憲法かを問う視点が欠かせない。この国のかたちを決する大問題を考え抜く手がかりを示す。

594
改憲問題
愛敬浩二
戦後憲法はどう機能してきたか。改正でどんな効果が期待できるのか。改憲論議にはこうした実質を問う視角が欠けている。改憲派の思惑と帰結をクールに斬る一冊!

625
自治体をどう変えるか
佐々木信夫
行政活動の三分の二以上を担う地方を変えることは、この国のかたちを変えることにほかならない。「官」と「民」の関係を問い直し、新たな〈公〉のビジョンを描く。

655
政治学の名著30
佐々木毅
古代から現代まで、著者がその政治観を形成する上でたえず傍らにあった名著の数々。選ばれた30冊は混迷を深める時代にこそますます重みを持ち、輝きを放つ。

722
変貌する民主主義
森政稔
民主主義の理想が陳腐なお題目へと堕したのはなぜか。その背景にある現代の思想的変動を解明し、複雑な共存のルールへと変貌する民主主義のリアルな動態を示す。

925
民法改正
——契約のルールが百年ぶりに変わる
内田貴
経済活動の最も基本的なルールが、制定から百年を経て抜本改正されようとしている。なぜ改正が必要とされ、具体的に何がどう変わるのか。第一人者が平明に説く。

ちくま新書

943
政治主導
——官僚制を問いなおす
新藤宗幸
なぜ政治家は官僚に負けるのか。機能麻痺に陥っている行政組織をどうするべきか。政策決定のプロセスから人事システムまで、政官関係の本質を問いなおす！

945
緑の政治ガイドブック
——公正で持続可能な社会をつくる
D・ウォール
白井和宏訳
原発が大事故を起こし、グローバル資本主義が行き詰まった今の日本で、私たちはどのように社会を変えていけばいいのか。巻末に、鎌仲ひとみ×中沢新一の対談を収録。

960
暴走する地方自治
田村秀
行革を旗印に怪気炎を上げる市長や知事、地域政党。だが自称改革派は矛盾だらけだ。幻想を振りまき混乱に拍車をかける彼らの政策を分析、地方自治を問いなおす！

984
日本の転機
——米中の狭間でどう生き残るか
ロナルド・ドーア
三〇～四〇年後、米中冷戦の進展によって、世界は大きく変わる。太平洋体制と並行して進展する中東の動きを分析し、徹底したリアリズムで日本の経路を描く。

1005
現代日本の政策体系
——政策の模倣から創造へ
飯尾潤
財政赤字や少子高齢化、地域間格差といった、わが国の喫緊の課題を取り上げ、改革プログラムのための思考を展開。日本の未来を憂える、すべての有権者必読の書。

1044
司法権力の内幕
森炎
日本の裁判所はなぜ理不尽か。人質司法、不当判決、形式的な死刑基準……など、その背後に潜むゆがみや瑕疵を整理、解説。第三権力の核心をえぐる。

1049
現代語訳 日本国憲法
伊藤真
憲法とは何か。なぜ改憲が議論になるのか。明治憲法と、日本国憲法。「二つの憲法」の生き生きとした現代語訳から、日本という国の姿が見えてくる。

ちくま新書

1050
知の格闘
――掟破りの政治学講義
御厨貴
政治学が退屈だなんて誰が言った? 行動派研究者の東京大学最終講義を実況中継。言いたい放題のおしゃべりにゲストが応戦。学問が断然面白くなる異色の入門書。

1059
自治体再建
――原発避難と「移動する村」
今井照
帰還も移住もできない原発避難民を救うには、江戸時代の「移動する村」の知恵を活かすしかない。バーチャルな自治体の制度化を提唱する、新時代の地方自治再生論。

1122
平和憲法の深層
古関彰一
日本国憲法制定の知られざる内幕。そもそも平和憲法は押し付けだったのか。天皇制、沖縄、安全保障……その背後の政治的思惑、軍事戦略、憲法学者の主導権争い。

1142
告発の正義
郷原信郎
公訴権を独占してきた「検察の正義」と、不正や不祥事を捜査機関に申告する「告発の正義」との対立、激変する両者の関係を腑分け。問題点から可能性まで考察する。

1150
地方創生の正体
――なぜ地域政策は失敗するのか
山下祐介
金井利之
「地方創生」で国はいったい何をたくらみ、地方をどう支配しようとしているのか。気鋭の社会学者と行政学者が国策の罠を暴き出し、統治構造の病巣にメスを入れる。

1152
自衛隊史
――防衛政策の七〇年
佐道明広
世界にも類を見ない軍事組織・自衛隊はどのようにできたのか。国際情勢の変動と平和主義の間で揺れ動いてきた防衛政策の全貌を描き出す、はじめての自衛隊全史。

1173
暴走する自衛隊
纐纈厚
自衛隊武官の相次ぐ問題発言、国連PKOへの参加、庁から省への昇格、安保関連法案の強行可決、文官優位の廃止……。日本の文民統制はいま、どうなっているか。

1176
迷走する民主主義
森政稔
政権交代や強いリーダーシップを追求した「改革」がもたらしたのは、民主主義への不信と憎悪だった。その背景に何があるのか。政治の本分と限界を冷静に考える。

1195
「野党」論
――何のためにあるのか
吉田徹
野党は、民主主義をよりよくする上で不可欠のツールだ。そんな野党に多角的な光を当て、来るべき野党を、これからの対立軸を展望する。「賢い有権者」必読の書！

1238
地方自治講義
今井照
地方自治の原理と歴史から、人口減少やコミュニティ、憲法問題など現在の課題までをわかりやすく解説。市民が自治体を使いこなすための、従来にない地方自治入門。

1241
不平等を考える
――政治理論入門
齋藤純一
格差の拡大がこの社会に致命的な分断をもたらしている。不平等の問題を克服するため、どのような制度を共有すべきか。現代を覆う困難にいどむ、政治思想の基本書。

1262
分解するイギリス
――民主主義モデルの漂流
近藤康史
EU離脱、スコットランド独立――イギリスは政治の機能不全で分解に向かいつつある。もはや英国議会政治は民主主義のモデルたりえないのか。危機の深層に迫る。

1299
平成デモクラシー史
清水真人
90年代の統治改革が政治の風景をがらりと変えた。「小泉劇場」から民主党政権を経て「安倍一強」へ。激動の30年を俯瞰し、「平成デモクラシー」の航跡を描く。

1310
行政学講義
――日本官僚制を解剖する
金井利之
我々はなぜ官僚支配から抜け出せないのか。政治主導はなぜ無効なのか。支配・外界・身内・権力の四つの切り口で行政の作動様式を解明する、これまでにない入門書。